Karl-Heinz Vanheiden

Tiefenschärfe

Kleines Bibellesebuch

concepcion SEIDEL

1. Auflage 1997

Umschlag: Satz & Druck Atelier Seidel & Seidel, Auerbach
Satz: K.-H. Vanheiden PC, Hammerbrücke
Druck: Druckerei Winter, Herrnhut
Bestellnummer: 640.305

ISBN: 3-9803330-5-1

Vorwort

Auf einer Freizeit in den Bergen der Beskiden (ehemalige CSSR) blätterte ich in einer amerikanischen Bibelausgabe. Dabei entdeckte ich das erste Mal ein Konzept, die Bibel in einem Jahr durchzulesen. Das Programm faszinierte mich so, daß ich sofort begann, es handschriftlich zu kopieren und für unsere Verhältnisse umzuarbeiten.

Ich dachte später, daß es schwierig sein müßte, die Psalmen in einem Zug hintereinander zu lesen. Andererseits aber gibt es lange Passagen in der Bibel, in die man vielleicht einzelne Psalmen zur „Erholung" einbauen könnte. Außerdem wäre es bestimmt eine Hilfe, die Bibel in chronologischer Reihenfolge nach dem Ablauf der Geschichte und der Entstehung der biblischen Schriften lesen zu können.

So entstand ein erster Bibelleseplan für die Jugendarbeit in der damaligen DDR, der dann halb-legal mit ziemlich primitiven Methoden vervielfältigt wurde. Nachdem die ersten zwei Ausgaben vergriffen waren, arbeitete ich den Plan noch einmal um und versuchte, eine offizielle Druckgenehmigung dafür zu bekommen. Ich beantragte eine Auflagenhöhe von 2000 Exemplaren und bekam 500 genehmigt. Als ich mit dem Manuskript und der Genehmigung zum Drucker ging, fragte der mich, wieviel ich benötigen würde. Ich sagte: „Das Zehnfache." Der Drucker war einverstanden, wenn ich die Schriften nach dem Druck sofort abholen würde...

Für den jetzigen Plan habe ich die Psalmen entweder in ihr geschichtliches Umfeld eingeordnet, soweit das aus dem Text zu erkennen ist, oder dorthin gestellt, wo die Erfüllung der in ihnen enthaltenen Prophetie berichtet wird. Die Psalm[illegible]n, die sich nicht direkt zuordnen ließen, bilden die Oa[illegible] Durststrecken.

[illegible]det der Leser jetzt vor jedem Leseabschnitt [illegible]er den zu erwarteten Inhalt, wobei beson- [illegible] verstehende Textpassagen kurz erklärt [illegible]nen in die biblischen Bücher wurden

Danken möchte ich neben meinem Herrn und Gott allen Glaubensgeschwistern, deren Ideen und Korrekturvorschläge in dieses Buch eingeflossen sind, besonders aber Hermann Am Ende, dem ehemaligen Leiter der Bibelschule Burgstädt und seiner Gattin Ingeborg, die mit Ermutigung und Gebet die Arbeit von Anfang an begleitet haben. Ebenso danke ich meinem Freund Frieder Seidel, der das Risiko der Drucklegung freudig übernahm, obwohl der Text keine der heute üblichen christlichen Attraktionen bietet, sondern vom Leser scheinbar mehr verlangt, als er ihm bietet.

Wenn dieses Taschenbuch aber dazu beiträgt, daß das „Buch der Bücher“ wirklich wieder vollständig gelesen wird, war es jeder Mühe wert.

Der Verfasser

Vorwort

Auf einer Freizeit in den Bergen der Beskiden (ehemalige CSSR) blätterte ich in einer amerikanischen Bibelausgabe. Dabei entdeckte ich das erste Mal ein Konzept, die Bibel in einem Jahr durchzulesen. Das Programm faszinierte mich so, daß ich sofort begann, es handschriftlich zu kopieren und für unsere Verhältnisse umzuarbeiten.

Ich dachte später, daß es schwierig sein müßte, die Psalmen in einem Zug hintereinander zu lesen. Andererseits aber gibt es lange Passagen in der Bibel, in die man vielleicht einzelne Psalmen zur „Erholung" einbauen könnte. Außerdem wäre es bestimmt eine Hilfe, die Bibel in chronologischer Reihenfolge nach dem Ablauf der Geschichte und der Entstehung der biblischen Schriften lesen zu können.

So entstand ein erster Bibelleseplan für die Jugendarbeit in der damaligen DDR, der dann halb-legal mit ziemlich primitiven Methoden vervielfältigt wurde. Nachdem die ersten zwei Ausgaben vergriffen waren, arbeitete ich den Plan noch einmal um und versuchte, eine offizielle Druckgenehmigung dafür zu bekommen. Ich beantragte eine Auflagenhöhe von 2000 Exemplaren und bekam 500 genehmigt. Als ich mit dem Manuskript und der Genehmigung zum Drucker ging, fragte der mich, wieviel ich benötigen würde. Ich sagte: „Das Zehnfache." Der Drucker war einverstanden, wenn ich die Schriften nach dem Druck sofort abholen würde...

Für den jetzigen Plan habe ich die Psalmen entweder in ihr geschichtliches Umfeld eingeordnet, soweit das aus dem Text zu erkennen ist, oder dorthin gestellt, wo die Erfüllung der in ihnen enthaltenen Prophetie berichtet wird. Die Psalmen, die sich nicht direkt zuordnen ließen, bilden die Oasen an Durststrecken.

Außerdem findet der Leser jetzt vor jedem Leseabschnitt ein Überblick über den zu erwarteten Inhalt, wobei besonders schwierig zu verstehende Textpassagen kurz erklärt sind. Die Einführungen in die biblischen Bücher wurden ebenfalls überarbeitet.

Danken möchte ich neben meinem Herrn und Gott allen Glaubensgeschwistern, deren Ideen und Korrekturvorschläge in dieses Buch eingeflossen sind, besonders aber Hermann Am Ende, dem ehemaligen Leiter der Bibelschule Burgstädt und seiner Gattin Ingeborg, die mit Ermutigung und Gebet die Arbeit von Anfang an begleitet haben. Ebenso danke ich meinem Freund Frieder Seidel, der das Risiko der Drucklegung freudig übernahm, obwohl der Text keine der heute üblichen christlichen Attraktionen bietet, sondern vom Leser scheinbar mehr verlangt, als er ihm bietet.

Wenn dieses Taschenbuch aber dazu beiträgt, daß das „Buch der Bücher“ wirklich wieder vollständig gelesen wird, war es jeder Mühe wert.

Der Verfasser

Einführung

Seit beinahe 2000 Jahren wird die Bibel von unzähligen Menschen auf der ganzen Welt gelesen. Durch ihre bestechende Aktualität, durch ihre ungeminderte Kraft und Wirksamkeit, aber auch durch ihre Verbreitung beeindruckt sie bis heute. Ungefähr 200 bis 300 Millionen Bibeln und Bibelteile werden jährlich von Bibelgesellschaften und Verlagen in mehr als 1800 Sprachen verbreitet.

Die Bibel ist eigentlich eine ganze Bücherei, bestehend aus 70 Schriften: Geschichtsbüchern, Chroniken, fünf Liedersammlungen, Teilbiographien, Prophetenschriften, Briefen, Rundschreiben, Spruchsammlungen. Sie entstanden in der Zeit zwischen 1450 vor und 100 nach Christus. Von den etwa 40 Verfassern sind uns 36 namentlich bekannt. Die Bibel umfaßt etwa 1500 kleingedruckte Seiten, die in 1189 Kapitel und 31170 Verse eingeteilt sind. Wenn man sie hintereinander lesen will, braucht man 60-70 Stunden. Bei drei bis vier Kapiteln pro Tag schafft man die Bibel bequem in einem Jahr.

Dennoch fasziniert die Bibel durch ihre Einheit und Geschlossenheit. Offensichtlich hängt das damit zusammen, daß sie durch direkte Einwirkung Gottes entstanden ist, wie wir glauben. Gott erwählte die Verfasser mitsamt ihrer persönlichen Eigenart und ihrem geschichtlichen Umfeld, heiligte sie und gewährte ihnen seine Offenbarung. Sein Geist leitete sie bei der Niederschrift bis in die Wortwahl hinein, ohne jedoch ihre Persönlichkeit auszuschalten. Gerade darin besteht die Einzigartigkeit der Bibel: Sie ist ganz Gottes Wort und ganz Menschenwort zugleich. Und sie enthält Gottes Geschichte mit den Menschen und seinen Plan für ihre Erlösung. In der Bibel hat Gott seine Antwort zu den Grundfragen unseres Lebens niedergelegt. Deshalb gilt: *„Eine Leuchte für meinen Fuß ist dein Wort, ein Licht für meinen Pfad."* (Psalm 119,105) Wer die Bibel liest, weiß, wie er leben soll und kann.

„Ihr glaubt doch nicht an die Bibel", unterstellte mir vor einiger Zeit ein sich konziliant gebender Pastor, „sondern an Jesus Christus!" „Natürlich glauben wir an Jesus", erwiderte ich, „aber nur an den, von dem uns das Neue Testament berichtet."

Tatsächlich glauben wir nicht an irgendeinen Jesus Christus, sondern ausschließlich an den, von dem Matthäus und Johannes berichtet haben, dessen Worte uns von Markus und Lukas wiedergegeben werden, an den Jesus, den Paulus predigte und der schon im Alten Testament angekündigt wurde.

Man kann doch nicht an einen Jesus glauben, den ein Jesus-Roman schildert oder den jemand in einer Vision gesehen hat, den moderne Theologen präsentieren, oder der von Künstlern an die Leinwand gepinnt wird.

Grundlage unseres Glaubens ist tatsächlich die "Schrift", die "Heilige Schrift", die uns von Jesus, dem Sohn Gottes berichtet, der Mensch wurde und wirklich Fleisch und Blut annahm, der unter Pontius Pilatus gelitten hat, der gestorben ist, begraben wurde und auferstanden ist, der aufgefahren ist zu seinem Vater im Himmel und der wiederkommen wird. An diesen Jesus glauben wir, der selbst das Wort Gottes heißt, und nicht an menschliche Meinungen und Phantasien über ihn.

Unser Umgang mit der Bibel gründet sich auf die Voraussetzung, die Paulus im Brief an seinen Mitarbeiter Timotheus so beschreibt: *„Alle Schrift ist von Gott eingegeben und nützlich zur Lehre, zur Überführung, zur Zurechtweisung, zur Unterweisung in der Gerechtigkeit, damit der Mensch Gottes vollkommen sei, zu jedem guten Werk völlig zugerüstet".* Wir versprechen uns wirklich etwas davon, wenn wir uns mit der Bibel beschäftigen.

Es lassen sich fünf wesentliche Aktivitäten beschreiben:

1. Hören. Unser erster Kontakt mit dem Wort Gottes geschieht meist durch das Hören einer Predigt, einer Auslegung der Bibel, wie Paulus an die Römer schreibt: *„Wie aber werden sie an den glauben, von dem sie nicht gehört haben? Wie aber werden sie hören ohne einen Prediger? Also ist der Glaube aus der Verkündigung, die Verkündigung aber durch das Wort Christi."* Keiner von uns erreicht je den Stand geistlicher Selbstversorgung, in dem diese

Belehrung durch andere überflüssig wird. Wir brauchen Unterweisung und natürlich auch Gemeinschaft. Deswegen müssen wir auch weiterhin zum Hören des Wortes Gottes zusammenkommen.

2. Lesen. Noch besser als das Hören ist das Lesen der Bibel. Hierbei wird man nicht durch andere, sondern in gewisser Hinsicht durch Gott selbst belehrt. Deshalb steht im letzten Buch der Bibel: *„Glückselig, der liest und die hören die Worte der Weissagung und bewahren, was in ihr geschrieben ist!“* Wenn wir uns in der Bibel nicht auskennen, werden wir leicht in die Irre geführt. Wir brauchen einen Gesamtüberblick! Wir können es uns nicht leisten, vom Glauben Abrahams keine Ahnung zu haben oder von der Not Hiobs, und wir müssen wissen, wie Daniel seine Prüfung bestand oder worauf es beim Dienst des Titus ankam. Ein Bibelleseplan wie der vorliegende, der in kurzer Zeit durch die ganze Bibel führt, kann dabei recht nützlich sein.

3. Studieren. In der Apostelgeschichte wird einmal von Juden berichtet, die das vorbildlich taten: *„Die Juden in Beröa aber waren edler als die in Thessalonich; sie nahmen mit aller Bereitwilligkeit das Wort auf und untersuchten täglich die Schriften, ob dies sich so verhielte“.* Das Lesen vermittelt die Breite, das Studium die Tiefe des Wortes Gottes. Wir dringen durch das Studium tiefer in eine Stelle oder ein Thema ein. Deshalb ist Studieren schwieriger als Lesen. Man braucht mehr Konzentration und Disziplin. Man muß Fragen stellen, sorgfältig analysieren, Übersetzungen vergleichen, Parallelaussagen prüfen, bei anderen Auslegern nachlesen, sich über geschichtliche Fakten informieren, Schlußfolgerungen ziehen und in ein logisches Konzept einbinden und schließlich Ergebnisse formulieren.

Jeder Christ sollte nach den Möglichkeiten, die ihm gegeben sind, die Bibel studieren. *„Denn während ihr der Zeit nach Lehrer sein solltet, habt ihr wieder nötig, daß man euch lehre, was die Anfangsgründe der Aussprüche Gottes sind; und ihr seid solche geworden, die Milch nötig haben und nicht feste Speise“,* schreibt der Hebräerbrief. Es wäre nicht gut, wenn diese Einschätzung auf uns zuträfe. Übrigens: Man findet immer Zeit für das, was einem wichtig ist!

4. Nachsinnen. Beim Nachsinnen öffnet sich unser Verständnis für eine biblische Aussage, unsere Gefühle binden sich an das Wort und unser Wille wird angespornt. Wer einen Vers in seinen Gedanken unter verschiedener Betonung eine Zeitlang ständig wiederholt, wer darüber nachdenkt, um seine Bedeutung zu erfassen, wird mit göttlichem Reichtum beschenkt: *„Glücklich der Mann, der ... seine Lust hat am Gesetz des HERRN und über sein Gesetz sinnt Tag und Nacht!"* Ihm gelten besondere Verheißungen, wie Psalm 1 deutlich macht.

5. Auswendiglernen. Voraussetzung für solches Nachsinnen ist, daß man das Wort zunächst im Kopf hat, damit es dann auch ins Herz aufgenommen wird und das Handeln bestimmen kann, wie Psalm 119 sagt: *„In meinem Herzen habe ich dein Wort verwahrt, damit ich nicht gegen dich sündige."*

Wenn wir uns im Wort Gottes gründlich auskennen und versuchen, danach zu leben, sind wir am besten gegen jede Art von Versuchungen und Angriffen auf die Bibel geschützt.

Bibelkritik ist der Versuch, die Autorität der Bibel und ihre alleinige Verbindlichkeit für unser Leben in Frage zu stellen. Es gibt dabei zwei Arten: die eine ist dadurch gekennzeichnet, daß sie Zusätze zum Wort Gottes macht, daß sie also menschliche Traditionen oder menschliche Schriften in göttlichen Rang erhebt. Die andere macht Abstriche vom Wort Gottes, sie erklärt, daß es bestimmte Dinge in der Bibel nicht gegeben haben könne und die Bibel deshalb in vielen Teilen nicht maßgeblich für uns wäre. Dem wollen wir durch fleißiges Bibellesen und vor allen Dingen durch die Anwendung des Gelesenen in unserem Leben entgegentreten.

Dieser Bibelleseplan ist für Menschen gedacht, die schon eine persönliche Beziehung zu Jesus Christus gewonnen haben und sich einen Überblick über die ganze Bibel verschaffen wollen. Wer die für jeden Tag angegebenen Bibeltexte liest, kann sich in einem Jahr schon eine erste Übersicht verschafft haben. Er benötigt dafür pro Tag je nach Lesegeschwindigkeit 15-20 Minuten.

Man muß aber nicht bis zum nächsten Jahr warten, wenn man den Plan verwenden will. Entweder beginnt man sofort bei 1. Mose 1 und kennzeichnet den gelesenen Text, oder man beginnt mit dem momentanen Datum irgendwo mitten in der Bibel und hätte dann im nächsten Jahr um die gleiche Zeit die Bibel das erste Mal ganz durchgelesen.

❑ ❑ ❑ ❍ ❍ ❍ ❑ ❑ ❑

Über jedem Leseabschnitt befindet sich eine Reihe verschiedener Kästchen, die der Anzahl der zu lesenden Kapitel entspricht. Wer sich für jeden Tag nur auf ein Kapitel in der Bibel beschränken will, kreuze am ersten Tag das erste Kästchen an, beim nächsten Kapitel das zweite usw. Wenn er die Bibel das zweite Mal auf diese Weise lesen will, kann er die zweite Kästchengruppe zum Ankreuzen benutzen und beim dritten Mal die dritte.

Die Verbindung zu Gott ist für unser Bibellesen sehr wichtig, denn wir lesen ja nicht, um ein Soll zu erfüllen, sondern um Gottes Willen für unser Leben kennenzulernen. Wir sollten deshalb schon vor dem Lesen unseren HERRN bitten, daß er uns sein Wort aufschließt. Nach dem Lesen sollten wir überlegen, welche biblische Wahrheit wir gefunden haben und dafür danken. Vielleicht sollten wir auch um die Hilfe Gottes bitten, das Erkannte im Alltag zu verwirklichen.

Persönliche Notizen helfen, das Erkannte festzuhalten, und der sanfte Zwang zur Niederschrift bewahrt vor allzu oberflächlichem Lesen. Wir haben dafür immer eine Seite freigelassen. Wer den Plan ein weiteres Jahr benutzt, kann die Notizen durch neue Erkenntnisse ergänzen und so einen Schatz geistlicher Wahrheiten sammeln.

Schlüsselworte und -verse zu den bis dahin gelesenen biblischen Büchern sind am Ende jedes Monats angegeben. Das Schlüsselwort ist ein Begriff, unter dem man sich den Inhalt des betreffenden Buches merken kann. Mit dem Schlüsselvers wird versucht, die zentrale Wahrheit des betreffenden Buches zusammenzufassen. Schlüsselverse sollte man in seiner Bibel im Zusammenhang lesen, kennzeichnen und möglichst auswendig lernen. Überhaupt sollte man Wahrheiten, die einem besonders wichtig wurden, in seiner Bibel kennzeichnen.

Ohne Zweifel könnten manchmal andere Begriffe und Stellen als Schlüsselworte und -verse angegeben werden. Die in diesem Buch ausgewählten sind als erste Hilfe gedacht.

Eine weitere Hilfe zur Anwendung des Textes können auch die folgenden Fragen sein. Man frage sich schon beim Lesen:

Spricht der Text von

- einer Eigenschaft oder einem Wesenszug Gottes, wodurch ich ihn besser kennenlerne?
- einer göttlichen Verheißung, die ich für mich in Anspruch nehmen darf?
- einem Sieg, den ich auch gewinnen kann?
- einer Wahrheit, die ich bisher noch nicht erkannt und angewandt hatte?
- einer Sünde, für die ich um Vergebung bitten muß, und die ich lassen soll?
- einem Fehler, aus dem ich lernen kann?
- einem Gebot, dem ich gehorchen muß?

Die ab hier eingefügten Leerseiten
sind für die persönlichen Notizen
zum gelesenen Bibeltext gedacht.

Januar

❑ ❑ ❑ ❍ ❍ ❍ ❑ ❑ ❑

1 **Das erste Buch Mose.** Das erste Buch der Bibel wird auch Genesis (d.h. Ursprung oder Entstehung) genannt. Es zeigt uns den Anfang der Schöpfung, der Menschheitsgeschichte, des Volkes Israel und der Geschichte Gottes mit den Menschen überhaupt. Es ist grundlegend für das Verständnis der ganzen Bibel, denn alle späteren biblischen Bücher nehmen irgendwie auf dieses Buch Bezug.

Der Verfasser aller fünf Mosebücher ist Mose, der am ägyptischen Königshof erzogene Führer Israels. Er lebte wahrscheinlich von 1527-1407 v.Chr. Das erste Buch Mose ist durch elf sogenannte „Toledot-Formeln" in unterschiedlich lange Abschnitte gegliedert. „Toledot" heißt eigentlich „Weiterentwicklungen". Es weist auf das hin, was sich aus dem bisher Erzählten weiterentwickelt. Meist wird der Begriff aber mit „Geschichte" oder „Geschlechterfolge" übersetzt. Die ursprünglichen Schriften der Bibel hatten keine Kapiteleinteilung. Diese wurde erst um das Jahr 1220 n.Chr. eingefügt, die Verseinteilung sogar erst im Jahr 1551.

1Mose 1-3 → Wir lesen vom Anfang der Welt, vom Beginn der Geschichte und vom ersten Ungehorsam des Menschen, dem Sündenfall und seinen Folgen. - Kapitel 2 bringt ab Vers 4 ergänzende Details zu dem in Kapitel 1 gezeigten Panorama der Schöpfung (deshalb in 2,4 die erste „Toledot"). Kapitel 3,15 gibt einen ersten Hinweis auf den kommenden Erlöser.

❑ ❑ ❑ ❍ ❍ ❍ ❑ ❑ ❑

2 **1Mose 4-6** → Wir lesen vom ersten Brudermord und den Nachkommen des Mörders, von den weiteren Nachkommen (=Toledot 5,1) Adams und von der Vorgeschichte der Sintflut, die als Ganzes in der Toledot Noahs (6,9) zusammengefaßt ist. Die Kapitel umfassen einen Zeitraum von etwa 1600 Jahren. - Diese *Welt vor der Flut* mutet uns fremdartig an, doch gab es auch damals schon Menschen, die bewußt mit Gott leben wollten. Die erwähn-

ten Riesen der Vorzeit entstammten nicht den Ehen der Gottessöhne mit den Menschentöchtern. Sie gab es nach Kapitel 6,4 schon vorher.

❑ ❑ ❑ ❍ ❍ ❍ ❑ ❑ ❑

3 **1Mose 7-9** → Wir lesen vom Verlauf der Sintflut und dem Versprechen Gottes, so etwas nie wieder auf die Erde kommen zu lassen, vom Bund Gottes mit Noah und dem Ende Noahs. - Wir stellen fest, daß *Noah nicht fehlerlos* war. Die erste Erwähnung des Weins in der Bibel zeigt auch gleich die Folgen übermäßigen Genusses. Hams Vergehen bestand darin, daß er seinem Vater nicht beistand, sondern ihn bei seinen Brüdern lächerlich machte. Gott wollte, daß die Blöße des Menschen bedeckt ist (siehe Kapitel 3,21).

❑ ❑ ❑ ❍ ❍ ❍ ❑ ❑ ❑

4 **1Mose 10-11** → Wir lesen, wie es mit den Söhnen Noahs weiterging (=Toledot 10,1), vom Turmbau zu Babel, und den Vorfahren Abrahams (Toledot Sems 11,10 und Terachs 11,27). - Ungefähr 100 Jahre nach der Sintflut, etwa zur Zeit Nimrods, kam es zu dem *Turmbau* und der anschließenden Sprachverwirrung. Die Menschen nach Noah entfernten sich bald wieder von Gott, so daß von den Vorfahren Abrahams gesagt werden mußte: „Sie dienten anderen Göttern" (Josua 24,2), die sie selbst erfunden hatten. Doch Einzelne sehnten sich gewiß nach dem wahren Gott, mit dem Noah lebte. Das jedenfalls drückt der **Psalm 5** aus, der allerdings einer viel späteren Zeit entstammt, den wir aber jetzt mit lesen wollen.

❑ ❑ ❑ ❍ ❍ ❍ ❑ ❑ ❑

5 **1Mose 12-14** → Wir lesen von Abrahams Berufung (nach Apostelgeschichte 7,2-4 war es allerdings schon das zweite Mal, daß Gott ihn rief), seinem eigenartigen Verhalten in Ägypten, der Trennung von seinem Neffen Lot und dessen gewaltsamer Befreiung, als die Stadt, in der er lebte, überfallen worden war. - Es gab damals in dem ganzen Gebiet keine zentrale Macht. Die Macht war aufgeteilt auf viele kleine *Stadtkönige* und Stammesfürsten, von

denen Abraham dank der Hilfe Gottes einige besiegen konnte.

❑ ❑ ❑ ❍ ❍ ❍ ❑ ❑ ❑

6 **1Mose 15-17** → Wir lesen von dem Bund Gottes mit Abraham und der Voraussage, daß seine Nachkommen 400 Jahre in Ägypten leben würden, von der ungläubigen und ungerechten Handlungsweise Sarais und der Bestätigung des Bundes, wobei Abram und Sarai neue Namen bekamen und Abraham beschnitten wurde. - Das eigenartige *Opferzeremoniell* in Kapitel 15 war bei Bundesschlüssen im Alten Orient üblich und besagte: Wenn einer der beiden Partner den Bund brechen würde, erginge es ihm so wie diesen zerteilten Tieren, zwischen denen sie hindurchgegangen waren.

❑ ❑ ❑ ❍ ❍ ❍ ❑ ❑ ❑

7 **1Mose 18-20** → Wir lesen von Abrahams Begegnung mit Gott und seiner glaubensvollen Fürsprache für Sodom, vom Untergang Sodoms und dem moralischen Untergang Lots, dann aber von dem erneuten Verrat Abrahams an seiner Frau, deren Reinheit Gott wiederum bewahrt, um Abraham den versprochenen Segen geben zu können.

❑ ❑ ❑ ❍ ❍ ❍ ❑ ❑ ❑

8 **1Mose 21-23** → Wir lesen von der Geburt des verheißenen Sohnes und der Trennung von dem in Eigenwillen gezeugten Ismael, von Abrahams erstaunlichem Gehorsam gegenüber Gott, als er bereit war, seinen Sohn Isaak zu opfern und vom Erwerb des ersten Landstücks in Kanaan nach dem Tod seiner Frau Sara.

❑ ❑ ❑ ❍ ❍ ❍ ❑ ❑ ❑

9 **1Mose 24** → Wir lesen von der beeindruckenden Brautwerbung für Isaak. - Die merkwürdige Geste: *„Lege deine Hand unter meine Hüfte“* sollte den Schwur durch Berührung der lebenerzeugenden Geschlechtsteile unverbrüchlich machen.

Wir verlassen jetzt für ein paar Tage die Vätergeschichte, um uns einem weiteren besonderen Einzelschicksal zuzuwenden, das sich um diese Zeit herum vollzogen haben muß, dem Schicksal Hiobs.

Hiob 1-2 → Wir lesen von Hiobs Wohlergehen und dem Plan Satans, an ihm ein Exempel zu statuieren. Dabei stellen wir fest, daß der Böse zwar gewisse Freiheiten hat, aber nichts ohne ausdrückliche Erlaubnis Gottes tun darf. Satan ahnt nicht, daß alles, was er Hiob antut, letztlich dazu dienen wird, daß es Hiob hinterher viel besser geht.

Das Buch Hiob. Hiob lebte höchstwahrscheinlich in der Zeit der Patriarchen in einem Gebiet, das später von dem Stamm Manasse bewohnt wurde (das Land Uz). Seine Geschichte ist von einem unbekannten Verfasser aufgeschrieben worden. Thema des Buches ist das Geheimnis des Leidens: „Warum läßt Gott das zu?“

Seine erste Prüfung besteht Hiob ausgezeichnet, aber in der zweiten versagt er, denn er verlangt von Gott, daß seine Rechtschaffenheit belohnt wird. Diese Werkgerechtigkeit kann Gott nicht akzeptieren. Die drei Freunde Hiobs sagen teilweise Richtiges, das aber im Fall Hiobs falsch ist.

❑ ❑ ❑ ❍ ❍ ❍ ❑ ❑ ❑

10 **Hiob 3-5** → Wir lesen von Hiobs bitterer Klage, in der er aber Gott nicht abschwor, wie Satan behauptet hatte und auch nicht mit dem Gedanken des Selbstmords spielte, und dann von der ersten Antwort des Elifas. Die grundsätzliche Meinung des Elifas, die auch in seinen späteren Reden immer schärfer zum Ausdruck kommt, lautet: Leiden ist unfehlbar eine Folge persönlicher Sünde. Hiob soll Buße tun.

❑ ❑ ❑ ❍ ❍ ❍ ❑ ❑ ❑

11 **Hiob 6-8** → Wir lesen wie der verzweifelte Hiob sich bei seinen Freunden und bei Gott beklagt, daß er ihn quäle und ängstige, und wie Bildad Hiob vorwarf, Gottes Gerechtigkeit anzuzweifeln. Gott ist gerecht undkann nicht auf das Gebet eines Ungerechten antworten, darum solle Hiob zu ihm umkehren.

❑ ❑ ❑ ❍ ❍ ❍ ❑ ❑ ❑

12 **Hiob 9-11** → Hiob erwidert ihm, daß vor Gott kein Mensch gerecht sein kann, ja daß Gott Gerechte und Ungerechte gleichermaßen vernichten würde. Dann beklagt er sich bei Gott, daß er ihn als sein Geschöpf so grausam behandelt. Zophar reagiert sehr heftig und meint, Hiob werde im Gegenteil weniger hart bestraft, als er es verdient. Er solle zu Gott umkehren.

❑ ❑ ❑ ❑ ❍ ❍ ❍ ❍ ❑ ❑ ❑ ❑

13 **Hiob 12-15** → Hiob beweist seinen Freunden, daß er das gleiche Wissen besitzt wie sie. Er nennt sie Lügendichter und Kurpfuscher, will sich dann aber selbst vor Gott rechtfertigen. Elifas kanzelt den trauernden Freund ab und hält ihm vor, ein verhärteter Sünder zu sein.

❑ ❑ ❑ ❍ ❍ ❍ ❑ ❑ ❑

14 **Hiob 16-18** → Hiob bietet seinen Freunden an, einmal die Rollen zu tauschen, dann könnte er auch gut reden. Dann wirft er Gott vor, sein Feind zu sein und ihn wie ein wildes Tier zu zerfleischen, so daß er nur noch auf das Grab hoffen könne. Bildad entgegnet, daß es einem Gottlosen eben schlecht ergeht.

❑ ❑ ❑ ❑ ❍ ❍ ❍ ❍ ❑ ❑ ❑ ❑

15 **Hiob 19-22** → Hiob beklagt sich, daß seine Freunde ihn nur beschimpft hätten und bittet sie um Erbarmen, weil die Hand Gottes ihn getroffen hat. Zophar reagiert darauf beleidigt und nennt Hiob indirekt einen Gottlosen, dessen Besitz deshalb geschwunden sei, weil er die Armen unterdrückt habe. Darauf entgegnet Hiob seinen lästigen Ratgebern, daß es genügend Beispiele gäbe, wo es den Gottlosen blendend gehe. Elifas geht in seiner nächsten Rede überhaupt nicht darauf ein, sondern nennt Hiob einen böswilligen Sünder, der Buße tun soll.

❑ ❑ ❑ ❑ ❍ ❍ ❍ ❍ ❑ ❑ ❑ ❑

16 **Hiob 23-26** → Wir lesen von der Sehnsucht Hiobs, sich mit Gott auseinanderzusetzen und von seiner Verwirrung über die Nachsicht Gottes mit Gottlosen, von der Antwort Bildads, dem doch allmählich die Argumente ausgehen und der letzten Abrechnung Hiobs mit ihm.

❑ ❑ ❑ ❑ ❍ ❍ ❍ ❍ ❑ ❑ ❑ ❑

17 **Hiob 27-30** → Wir lesen Hiobs Schlußrede mit seiner Selbstrechtfertigung. Er stützte sich dabei zuversichtlich auf seine Reinheit und Unschuld.

❑ ❑ ❑ ❍ ❍ ❍ ❑ ❑ ❑

18 **Hiob 31-33** → Wir lesen wie Hiob noch einmal deutlich seine Unschuld beteuert und sogar Gott bittet, ihn zu widerlegen. Weiterhin lesen wir von Elihu, einem vierten bisher noch nicht erwähnten Freund Hiobs, der ein echter Vermittler zu Gott wird. Er verdächtigt Hiob nicht heimlicher Sünde, tadelt aber seine offenbare Selbstgerechtigkeit.

❑ ❑ ❑ ❑ ❍ ❍ ❍ ❍ ❑ ❑ ❑ ❑

19 **Hiob 34-37** → Wir lesen von den drei weiteren Reden Elihus: Hiob hat vermessen über Gott geredet (34), Gott kommt es sehr wohl darauf an, was ein Mensch tut (35), Gott hat eine Absicht, wenn er den Menschen leiden läßt (36). Das soll Hiob erkennen und Gottes Macht anerkennen (37).

❑ ❑ ❑ ❍ ❍ ❍ ❑ ❑ ❑

20 **Psalm 88** → Wir lesen hier von ganz ähnlichen Klagen, wie sie Hiob Gott gegenüber ausgesprochen hat. **Hiob 38-39** → Wir lesen den ersten Teil der Antwort Gottes. Gott antwortet aber nicht auf Hiobs viele Warum-Fragen. Er sagt einfach, daß er Gott ist. Das muß Hiob genügen. Die Schöpfung verkündigt seine Allmacht.

❑ ❑ ❑ ❍ ❍ ❍ ❑ ❑ ❑

21 **Hiob 40-42** → Wir lesen wie Hiob seine Anklagen gegen Gott zurücknimmt. Gott redet noch einmal mit Hiob, um ihn zum Verstummen zu bringen. Er wirft ihm dabei keine Sünde vor, sondern sein vermessenes Reden ihm gegenüber. Hiob verwirft sein eigenes Gerede, bittet Gott für seine drei ersten Freunde und wird voll rehabiltiert.

❑ ❑ ❑ ❍ ❍ ❍ ❑ ❑ ❑

22 **1Mose 25-27** → Wir lesen von Abrahams Tod und davon, wie es mit seinen Söhnen Ismael und Isaak weiterging (=Toledot 25,12.19). - *Isaak* wurde in gleicher Weise wie sein Vater Abraham schuldig, er *verleugnete seine Frau* aus Furcht um sein Leben. Im hohen Alter wurde er unter Mithilfe seiner Frau von seinem jüngeren Sohn betrogen und segnete den Betrüger.

❑ ❑ ❑ ❍ ❍ ❍ ❑ ❑ ❑

23 **1Mose 28-30** → Wir lesen von Jakobs Flucht nach Haran und wie er dabei Gott begegnete, von seinen Eheschließungen und wie er dabei betrogen wurde, von der Entstehung seiner Familie und wie er sich ein Vermögen erwarb.

❑ ❑ ❑ ❍ ❍ ❍ ❑ ❑ ❑

24 **1Mose 31-33** → Wir lesen von der erneuten Flucht Jakobs, von seinem Ringen mit Gott, wobei er seinen neuen Namen, Israel, bekam und von der Begegnung mit seinem Bruder. - In Kapitel 31,42 steht ein *Name für Gott*, der nur noch einmal in V. 53 vorkommt und in seiner Übersetzung ungeklärt ist, weil das hebräische Wort sonst nirgends vorkommt. Er bedeutet vielleicht Schrecken, Verwandter oder Zuflucht Isaaks.

❑ ❑ ❑ ❍ ❍ ❍ ❑ ❑ ❑

25 **1Mose 34-36** → Wir lesen wie Jakobs Söhne ihre entehrte Schwester rächten, wie Jakob den Götzendienst in seiner Familie beendete und Gott wieder zu ihm redete, aber auch davon, wie Jakob liebe Menschen

durch den Tod verlor. Dann wird uns die Liste mit den Nachkommen Esaus überliefert (=Toledot 36,1.9).

❑ ❑ ❑ ❑ ❍ ❍ ❍ ❍ ❑ ❑ ❑ ❑

26 **1Mose 37-40** → Wir lesen wie es mit Jakob weiterging (=Toledot Jakobs 37,2). Mit diesem Kapitel beginnt die wunderschöne Geschichte von Joseph. Wir lesen von den Machenschaften der anderen Söhne Jakobs, einschließlich Judas, und von der Bewährung Josephs im Haus des Potiphar und im Gefängnis.

❑ ❑ ❑ ❍ ❍ ❍ ❑ ❑ ❑

27 **1Mose 41-43** → Wir lesen wie Joseph durch den Pharao erhöht wurde, wie er begann, seine Brüder zu erproben und wie Juda Bürge für Benjamin wurde.

❑ ❑ ❑ ❑ ❍ ❍ ❍ ❍ ❑ ❑ ❑ ❑

28 **1Mose 44-46** → Wir lesen wie Juda sich als Bürge und Führer seiner Brüder bewährt, wie Joseph sich mit seinen Brüdern versöhnt und wie die ganze Familie nach Ägypten kommt. **Psalm 128** → Wir lesen vom Segen der Kinder.

❑ ❑ ❑ ❑ ❍ ❍ ❍ ❍ ❑ ❑ ❑ ❑

29 **1Mose 47-50** → Wir lesen von Jakob, der von seinem Sohn Joseph versorgt wurde, von seinem Segen über seine Enkel und Söhne, seinem Tod und seinem Begräbnis in Hebron.

❑ ❑ ❑ ❑ ❍ ❍ ❍ ❍ ❑ ❑ ❑ ❑

30 **Das zweite Buch Mose** wird auch „Exodus“ genannt, d.h. „Auszug“, denn es beinhaltet die Geschichte vom Ausbruch des Volkes Israel aus der Sklaverei in Ägypten. Das Buch ist in zwei Hauptteile gegliedert: Kapitel 1-19: Auszug aus Ägypten; Kapitel 20-40: Gesetzgebung am Berg Sinai und Bau der Stiftshütte. In diesem Buch wird der Verfasser, Mose, selbst zum Träger der Handlung.

2Mose 1-4 → Wir lesen von Moses jungen Jahren, von seiner Berufung durch Gott und seiner langen Weigerung, diese Berufung zum Führer Israels anzunehmen. - Auf der Rückreise von Midian nach *Ägypten „wollte der HERR ihn töten"*, vielleicht durch eine schwere Krankheit. Mose hatte in Midian Gottes Gebote vernachlässigt und seinen Sohn nicht beschnitten.

❑ ❑ ❑ ❍ ❍ ❍ ❑ ❑ ❑

31 **2Mose 5-7** → Wir lesen von der ersten Begegnung Moses mit dem Pharao und den Folgen, von Gottes Antwort auf Moses Gebet und von den ersten der insgesamt zehn Plagen über Ägypten. - In Kapitel 6,3 erscheint der Name *Jahwe* nicht das erste Mal, wie man bei oberflächlichem Lesen meinen könnte. Aber die volle Bedeutung dieses Namens hatte Gott bis dahin noch nicht bekannt gemacht. Erst jetzt sollten die Israeliten erleben, wie dieser ewige Gott seine Versprechen erfüllt und Israel aus der Gefangenschaft befreit.

Die Schlüsselverse fassen die zentralen Wahrheiten des betreffenden biblischen Buches zusammen. Man sollte sie in seiner Bibel unterstreichen und vielleicht auswendig lernen.

Buch	Schlüsselwort	Schlüsselvers
1Mose	Anfang	1Mo 1,1
Hiob	Prüfung	Hiob 1,9
2Mose	Erlösung	2Mo 3,8; 12,23

Februar

❑ ❑ ❑ ❍ ❍ ❍ ❑ ❑ ❑

1 **2Mose 8-10** → Wir lesen von den Gottesgerichten über Ägypten. Die Gerichte, die in drei Zyklen zu je drei Plagen (und einer besonderen) eingeteilt sind, wenden sich alle direkt gegen die Götter Ägyptens. Der Frosch wurde z.B. als Symbol der Göttin Heqet angebetet. Die Heuschreckenplage wendet sich gegen Osiris, den Gott der Ernte, die Finsternis gegen Re, den Sonnengott usw.

❑ ❑ ❑ ❍ ❍ ❍ ❑ ❑ ❑

2 **2Mose 11-13** → Wir lesen von der letzten Plage und der damit verbundenen Einsetzung des Passafestes, von dem sich anschließenden Fest der ungesäuerten Brote und dem Gebot, Gott künftig alles Erstgeborene zu weihen.

❑ ❑ ❑ ❍ ❍ ❍ ❑ ❑ ❑

3 **2Mose 14-16** → Wir lesen von Israels wunderbarem Zug durch das Schilfmeer, vom Jubel über diese göttliche Errettung, aber auch von der folgenden lauten Unzufriedenheit wegen ungenügender Versorgung und immer wiederkehrendem Murren.

❑ ❑ ❑ ❍ ❍ ❍ ❑ ❑ ❑

4 **2Mose 17-19** → Wir lesen von neuer Unzufriedenheit Israels über den Auszug aus Ägypten (sie hatten nicht genug Wasser), von seinem ersten Krieg, von seiner durch Jitro angeregten neuen Führungsstruktur und der Begegnung mit Gott am Berg Sinai.

❑ ❑ ❑ ❑ ❍ ❍ ❍ ❍ ❑ ❑ ❑ ❑

5 **2Mose 20-23** → Wir lesen von der Anordnung der zehn Gebote und dem daraus folgenden Sozialgesetz. Diese Anordnungen wurden von Mose dann in ein Bundesbuch geschrieben (24,4.7).

❑ ❑ ❑ ❍ ❍ ❍ ❑ ❑ ❑

6 **2Mose 24-26** → Wir lesen von dem Bundesschluß am Sinai, der seiner äußeren Form nach wie ein altorienta-

lischer Vasallenvertrag abgefaßt ist, was auch seine historische Zuverlässigkeit bestätigt. Anschließend lesen wir (bis Kapitel 31) von den Gesetzen für den Gottesdienst und allem, was damit zusammenhängt (Zeremonialgesetz). Zunächst geht es um die Inneneinrichtung des Heiligtums und seinen äußeren Bau.

❑ ❑ ❑ ❍ ❍ ❍ ❑ ❑ ❑

7 **2Mose 27-28** → Wir lesen vom Brandopferaltar und dem Vorhof und von den Anweisungen für die Priesterschaft. **Psalm 11** → Wir lesen das Lied vom standhaften Vertrauen des Gerechten auf seinen Gott.

Das Buch der Psalmen in der Mitte der Bibel enthält nur Gebete und Lieder. Die meisten stammen von David (73 von 150). Der hebräische Titel der Psalmen lautet “Buch der Lobpreisungen“. Unser deutsches Wort „Psalmen“ kommt aus der griechischen Übersetzung des Alten Testamentes und bedeutet „von Streichinstrumenten begleitete Gesänge“. Die Psalmen werden in fünf Bücher eingeteilt, von denen jedes mit einem Lobpreis Gottes endet (41,13; 72,18-20; 89,52; 106,48 und 150). Viele Psalmen haben am Anfang eine Autorenangabe, Hinweise zum Gesang, zur Musikbegleitung oder zur Aufführung im Gottesdienst. Diese Angaben gehören zum inspirierten Text.

❑ ❑ ❑ ❍ ❍ ❍ ❑ ❑ ❑

8 **2Mose 29-30** → Wir lesen von der Weihe Aarons und seiner Söhne als Priester, von der Weihe des Altars und dem täglich Opfer, von der Herstellung des Räucheraltars, von der Finanzierung des Heiligtums, von dem Wasserbecken und von der Zubereitung des heiligen Salböls und Räucherwerks. **Psalm 15** → Wir lesen, welcher Mensch überhaupt in der Gegenwart Gottes weilen darf.

❑ ❑ ❑ ❑ ❍ ❍ ❍ ❍ ❑ ❑ ❑ ❑

9 **2Mose 31-34** → Wir lesen von der Bestimmung der Werkmeister für das Heiligtum, von dem goldenen Kalb, dem Bruch des Bundes mit Gott und der intensiven Fürbitte des Mose, wodurch es zur Wiederherstellung dieses Bundes kam.

❑ ❑ ❑ ❍ ❍ ❍ ❑ ❑ ❑

10 **2Mose 35-36** → Wir lesen von der Freigebigkeit des Volkes und den Vorbereitungen zum Bau des Heiligtums. **Psalm 84** → Wir lesen von den Erfahrungen dessen, der dem HERRN vertraut.

❑ ❑ ❑ ❍ ❍ ❍ ❑ ❑ ❑

11 **2Mose 37-38** → Wir lesen von der Anfertigung der Geräte für das Heiligtum und der Berechnung ihres Gesamtwertes. **Psalm 20** → Wir lesen, welche Rolle das Heiligtum in den Gebeten Israels später spielte.

❑ ❑ ❑ ❍ ❍ ❍ ❑ ❑ ❑

12 **2Mose 39-40** → Wir lesen von der Kleidung der Priester, von der Aufrichtung des Heiligtums und der Gegenwart des HERRN. **Psalm 23** → Wir lesen von dem HERRN, der sein Volk wie ein guter Hirte führt.

❑ ❑ ❑ ❍ ❍ ❍ ❑ ❑ ❑

13 **Das dritte Buch Mose** heißt auch Leviticus, weil in ihm die Priestergesetze aufgeschrieben sind (Die Priester kamen aus dem Stamm Levi). Die Botschaft, die in den vorgeschriebenen Opfern und Festen liegt, lautet: *„Bring Dein Leben mit Gott in Ordnung und bleib in seiner Gegenwart!“* Das Buch handelt von Heiligkeit und Heiligung. Dieser Grundgedanke spiegelt sich mehrfach in den Worten: *„Seid heilig, denn ich bin heilig!“* (11,44; 19,2; 20,7.26).

3Mose 1-3 → Wir lesen von den Opferanweisungen, die für das Volk bestimmt waren, vom Brandopfer, vom Speisopfer und vom Heilsopfer. **Psalm 6** → Wir lesen dieses Lied von der Umkehr eines Menschen zu Gott.

❑ ❑ ❑ ❍ ❍ ❍ ❑ ❑ ❑

14 **3Mose 4-5** → Wir lesen von dem Opfer, das für Sünden gebracht werden mußte, deren man sich zunächst nicht bewußt war und vom Schuldopfer.

Psalm 25 → Wir lesen von der Bitte Davids um Vergebung und Zuwendung Gottes.

❑ ❑ ❑ ❍ ❍ ❍ ❑ ❑ ❑

15 **3Mose 6-7** → Wir lesen von den Opferanweisungen, die für die Priester bestimmt waren. **Psalm 33** → Wir lesen vom Jubel derer, die auf den Namen des HERRN vertrauen.

❑ ❑ ❑ ❍ ❍ ❍ ❑ ❑ ❑

16 **3Mose 8-10** → Wir lesen wie Aaron und seine Söhne in das Priesteramt eingesetzt und in ihren Dienst eingeführt wurden, wie die beiden ältesten Söhne Aarons plötzlich von Gott gerichtet wurden und welche Folgen das hatte. - Die Verfehlung von Nadab und Abihu hatte wahrscheinlich ihren Grund darin, daß sie die glühenden Kohlen für das Räucherwerk nicht vom ehernen Altar nahmen, wie es vorgeschrieben war (Kapitel 16,12) und deshalb *„fremdes Feuer"* brachten. Vielleicht opferten sie auch zur falschen Zeit (2Mo 30,7f). Möglicherweise waren sie betrunken dabei, denn gleich anschließend wird Alkohol im Dienst verboten.

❑ ❑ ❑ ❍ ❍ ❍ ❑ ❑ ❑

17 **3Mose 11-13** → Wir lesen von den göttlichen Anordnungen über die Unreinheit bei Speisen, bei Wöchnerinnen und bei Hautkrankheiten (Aussatz). - Der Sinn der Speisegesetze besteht weniger in einer Gesundheitsfürsorge, als vielmehr darin, Israel von den Völkern abzusondern, um deutlich zu machen: dies ist Gottes heiliges Volk, es hat keine Gemeinschaft mit anderen Völkern.

❑ ❑ ❑ ❍ ❍ ❍ ❑ ❑ ❑

18 **3Mose 14-15** → Wir lesen die Reinigungsvorschriften für Aussatz bei Menschen und für Aussatz an Häusern. Dabei handelte es sich wahrscheinlich um den Schwamm. Außerdem lesen wir was bei persönlicher Unreinheit zu tun war. Der **Psalm 130**, den wir noch dazu lesen, singt von dem hoffenden Warten auf die Hilfe des HERRN.

❑ ❑ ❑ ❍ ❍ ❍ ❑ ❑ ❑

19 **3Mose 16-18** → Wir lesen von dem Gesetz für den großen Versöhnungstag, von den Gesetzen über Opfer und Fleischgenuß und den Gesetzen zur Regelung sexueller Beziehungen.

❑ ❑ ❑ ❍ ❍ ❍ ❑ ❑ ❑

20 **3Mose 19-20** → Wir lesen wie die Heiligkeit Gottes das Fundament für alle Aspekte des menschlichen Lebens bildet und von daher auch das Strafmaß für entsprechende Vergehen festlegt. Kapitel 19 wendet sich an Menschen, die *vor* einer Sünde stehen, Kapitel 20 setzt die Strafe *nach* begangener Sünde fest. **Psalm 36** → Wir lesen auch hier von Sünde und der Gerechtigkeit Gottes.

❑ ❑ ❑ ❍ ❍ ❍ ❑ ❑ ❑

21 **3Mose 21-22** → Wir lesen von den Vorschriften für Priester und für die Heiligkeit der Opfer, denn Israel hat einen heiligen Gott. **Psalm 47** → Wir lesen von Gott, der als König und Herr aller Völker zu loben ist.

❑ ❑ ❑ ❍ ❍ ❍ ❑ ❑ ❑

22 **Psalm 92** → Wir lesen das Lied für den Tag des Sabbats. - **3Mose 23-24** → Wir lesen von den Vorschriften über die Feste des HERRN, die mit dem Sabbat beginnen, von den Pflichten der Priester und einem Fall von Gotteslästerung.

❑ ❑ ❍ ❍ ❑ ❑

23 **3Mose 25** → Wir lesen von dem Sabbat- und dem Jobeljahr. Am Beginn jedes 50. Jahres wurde das Jobel, das Widderhorn, geblasen, deshalb „Jobeljahr". **Psalm 105** → Wir lesen vom Lob Gottes im Rückblick auf die Geschichte Israels.

❑ ❑ ❑ ❍ ❍ ❍ ❑ ❑ ❑

24 **Psalm 50** → Wir lesen von Gottes Forderung nach Heiligkeit. - **3Mose 26-27** → Wir lesen vom Segen

des Gehorsams und dem Fluch bei Ungehorsam und von den Gesetzen über Gelübde und den Zehnten.

Das vierte Buch Mose wird auch „Numeri“, d.h. „Zählungen“ genannt. Es bekam seinen Namen, weil es von zwei Volkszählungen Israels berichtet und eine Menge Statistiken und Listen enthält. Man hätte es aber auch „das Murren des Volkes“ nennen können, denn es ist die traurige Geschichte von Klagen, Unzufriedenheit und göttlichem Gericht. Das Buch umfaßt die 38 Jahre der Geschichte Israels, in denen das Volk in der Wüste Sinai umherzog. Die ganze Schilderung der Wüstenwanderung geht offensichtlich auf einen Augenzeugen zurück. Wer anders, als Mose, könnte dafür in Betracht kommen?

❑ ❑ ❑ ❍ ❍ ❍ ❑ ❑ ❑

25 **4Mose 1-2** → Wir lesen von der ersten Zählung des Volkes und der Lagerordnung. Die Zahl von mehr als 600.000 wehrfähigen Israeliten, woraus sich eine Gesamtzahl von mehreren Millionen für das ganze Volk ergibt, stellt für viele Ausleger ein Problem dar. Wie konnten so viele Menschen durch die Wüste gebracht werden? Doch erstens versorgte Gott selbst das Volk und zweitens gibt es (nach E.H. Merill) in der Geschichte durchaus vergleichbare Beispiele. **Psalm 9** → Wir lesen das Triumphlied Davids, dem Gott die Rettung geschenkt hat.

❑ ❑ ❑ ❍ ❍ ❍ ❑ ❑ ❑

26 **4Mose 3-4** → Wir lesen von den Anweisungen für die Leviten und ihren Aufgaben beim Transport des Heiligtums. **Psalm 37** → Wir lassen uns aufrufen, dem HERRN zu vertrauen und Gutes zu tun.

❑ ❑ ❑ ❍ ❍ ❍ ❑ ❑ ❑

27 **4Mose 5-6** → Wir lesen von Reinigung und Weihe. Es sind die Gesetze über Unreinheit, über Wiedergutmachung, über Entlarvung von Ehebrecherinnen und das Gesetz hinsichtlich der Nasiräer. **Psalm 38** → Wir lesen von der Last und den Folgen der Sünde und daß nur beim HERRN Vergebung zu finden ist.

❑ ❑ ❑ ❍ ❍ ❍ ❑ ❑ ❑

28 **4Mose 7-8** → Wir lesen von der Einweihung des Heiligtums: dem Opfer der Stammesfürsten, dem Anzünden des Leuchters und der Reinigung der Leviten. **Psalm 42** → Wir lesen von der Sehnsucht, ja vom Durst eines Menschen nach Gott.

❑ ❍ ❑

29 **Psalm 119** An diesem besonderen Tag lesen wir diesen besonderen und großen Psalm von der Liebe zum Wort Gottes. Es ist empfehlenswert, die 22 Strophen vom Wort Gottes, die nach den Buchstaben des hebräischen Alphabets geordnet sind, über den ganzen Tag verteilt zu lesen, damit sich uns die Bedeutung des wunderbaren Wortes Gottes tief einprägt.

Buch	Schlüsselwort	Schlüsselvers
3Mose	Heiligung	3Mo 19,2
Psalmen	Anbetung	Ps 29,2
4Mose	In der Wüste	4Mo 14,22f; 14,9

Die Verbindung zu Gott ist für unser Bibellesen sehr wichtig, denn wir lesen ja nicht, um ein Soll zu erfüllen, sondern um Gottes Willen für unser Leben kennenzulernen. Wir sollten deshalb schon vor dem Lesen den HERRN bitten, daß er uns sein Wort aufschließt.

März

❑ ❑ ❑ ❑ ❍ ❍ ❍ ❍ ❑ ❑ ❑ ❑

1 **4Mose 9-11** → Wir lesen von Gottes Führung und dem Aufbruch des Volkes vom Berg Sinai doch auch vom Murren und der darauffolgenden Bestrafung des Volkes. Wir lesen dazu den **Psalm 12** vom Seufzen des Gerechten über Gottlosigkeit und Gemeinheit.

❑ ❑ ❑ ❑ ❍ ❍ ❍ ❍ ❑ ❑ ❑ ❑

2 **4Mose 12-14** → Wir lesen von der Auflehnung der Geschwister Mirjam und Aaron gegen ihren Bruder Mose, von den Kundschaftern, die nach Kanaan geschickt wurden und dem nachfolgenden Aufruhr. Die Gegend von Hebron ist bekannt für ihre Trauben, die bis zu 10 kg wiegen können. Sie werden oft an einer Stange getragen, damit die reifen Früchte nicht vorzeitig zerquetscht werden. **Psalm 13** → Wir lesen davon, wie man seine Sorgen zum HERRN bringt.

❑ ❑ ❑ ❍ ❍ ❍ ❑ ❑ ❑

3 **4Mose 15-17** → Wir lesen von der Wiederholung der Bundesbestimmungen und dem Aufruhr Korachs und seiner Anhänger gegen Mose und Aaron. Korach wollte eine eigene Priesterordnung gründen.

❑ ❑ ❑ ❍ ❍ ❍ ❑ ❑ ❑

4 **4Mose 18-19** → Wir lesen von der Aufgabe der Priester und Leviten und dem Gesetz der Reinigung in Zusammenhang mit dem Opfer einer roten Kuh. **Psalm 27** → Wir lesen in diesem Psalm von der Sehnsucht nach der Nähe des HERRN.

❑ ❑ ❑ ❍ ❍ ❍ ❑ ❑ ❑

5 **4Mose 20-21** → Wir lesen von Moses Ungehorsam und dem Tod seiner beiden Geschwister, von der ehernen Schlange und den ersten Siegen über die Kanaaniter. **Psalm 39** → Wir lesen von der Vergänglichkeit des Menschen.

❑ ❑ ❑ ❑ ❍ ❍ ❍ ❍ ❑ ❑ ❑ ❑

6 **4Mose 22-24** → Wir lesen von dem Wahrsager Bileam, der Israel aus Geldgier (vgl. 2Petrus 2,15) verfluchen wollte und doch - von Gott gezwungen - segnen musste. **Psalm 131** → Wir lesen wie es im Gegensatz zu Bileam um unser Herz bestellt sein sollte.

❑ ❑ ❑ ❍ ❍ ❍ ❑ ❑ ❑

7 **4Mose 25-27** → Wir lesen von dem Götzendienst Israels, der durch den Rat Bileams verursacht worden war (vgl. Kapitel 31,15f), und seinen verheerenden Folgen, von der zweiten Volkszählung, von einer Frage des Erbrechts und der Bestimmung des Nachfolgers für Mose. Der Rat Bileams kostete 24.000 Israeliten das Leben. Bei der in 1Korinther 10,8 genannten Zahl von 23.000 getöteten Israeliten wurden die 1000 Führer des Volkes, die kurz zuvor gehängt worden waren, nicht mit eingerechnet.

❑ ❑ ❑ ❍ ❍ ❍ ❑ ❑ ❑

8 **4Mose 28-29** → Wir lesen von den Opfern für die Feste des HERRN. **Psalm 65** → Wir lesen von dem Glück derer, die in den Vorhöfen des HERRN sein dürfen.

❑ ❑ ❑ ❍ ❍ ❍ ❑ ❑ ❑

9 **4Mose 30-31** → Wir lesen von den Gesetzen über Gelübde und dem Vergeltungskrieg gegen Midian. **Psalm 58** → Wir lesen von Gottes Gericht über die Gottlosen.

❑ ❑ ❑ ❍ ❍ ❍ ❑ ❑ ❑

10 **4Mose 32-33** → Wir lesen von der Verteilung des Ostjordanlandes und den Orten, die Israel während der ganzen Wüstenwanderung durchzogen hatte. **Psalm 66** → Wir lesen vom Lob Gottes über seine mächtigen Taten in der Geschichte Israels.

❑ ❑ ❑ ❑ ❍ ❍ ❍ ❍ ❑ ❑ ❑ ❑

11 **4Mose 34-36** → Wir lesen von den letzten Anweisungen für die Verteilung des Landes Kanaan, den

Ordnungen für die Leviten- und Asylstädte und den Regelungen für die Erbfolge bei Töchtern. **Psalm 81** → Wir lesen von Israels Erfahrungen mit Gott und seinen Segnungen.

❑ ❑ ❑ ❍ ❍ ❍ ❑ ❑ ❑

12 **Das fünfte Buch Mose** wird auch Deuteronomium genannt (zweites Gesetz), weil in ihm aufgeschrieben ist, wie Mose am Ende seines Lebens dem Volk das ganze Gesetz noch einmal vor Augen stellt. Inzwischen war eine neue Generation herangewachsen, die im Begriff stand, das Land Kanaan zu erobern. Aus diesem Grund mußte ihnen das Gesetz, das die Väter 38 Jahre vorher angenommen hatten, neu erklärt werden, damit sie sich verbindlich dazu stellten. Für das junge Israel hing alles von seiner Treue zum Gesetz ab, auch der Besitz des verheißenen Landes. Das (außer dem letzten Kapitel) von Mose verfaßte Buch folgt in seinem Aufbau einem altorientalischen Vasallenvertrag mit Präambel, historischer Einleitung, allgemeinem Gebot, speziellen Geboten und Segen und Fluch.

5Mose 1-2 → Wir lesen den geschichtlichen Rückblick des Mose auf die Reise Israels vom Sinai bis nach Kadesch und bis zum Sieg über den König Sihon. **Psalm 106** → Wir lesen das Lob Gottes im Rückblick auf Israels Geschichte.

❑ ❑ ❑ ❍ ❍ ❍ ❑ ❑ ❑

13 **5Mose 3-4** → Wir lesen den zweiten Teil der historischen Einleitung, von der Eroberung des Transjordanlandes und der Ermahnung des Volkes zum Gehorsam. **Psalm 68** → Wir lesen vom Sieg des HERRN über seine Feinde.

❑ ❑ ❑ ❍ ❍ ❍ ❑ ❑ ❑

14 **5Mose 5-7** → Wir lesen von der Wiederholung der zehn Gebote, der Auslegung des Gebotes, den HERRN zu lieben und von dem Befehl, die Kanaaniter mit ihrem Götzendienst auszurotten.

❑ ❑ ❑ ❍ ❍ ❍ ❑ ❑ ❑

15 **5Mose 8-10** → Wir lesen von den Warnungen vor einem Geist der Unabhängigkeit und der Selbstgerechtigkeit und von Gottes Forderungen an Israel.

❑ ❑ ❑ ❍ ❍ ❍ ❑ ❑ ❑

16 **5Mose 11-12** → Wir lesen vom Segen des Gehorsams und dem Fluch des Ungehorsams. **Psalm 10** → Hilferuf eines Unterdrückten.

❑ ❑ ❑ ❍ ❍ ❍ ❑ ❑ ❑

17 **5Mose 13-14** → Wir lesen vom Erkennen falscher Propheten und ihrer Bestrafung, von der Absonderung Israels, die sich im Verbot bestimmter Trauerriten und Speisen ausdrückt. - Weil ein *Hase* nachts seinen Kot wieder frißt, wird er hier als *Wiederkäuer* bezeichnet. Einen jungen Bock in der Milch der Mutter zu kochen, war ein heidnischer Ritus, denn die Milch wurde anschließend auf die Erde gegossen, um ihre Fruchtbarkeit zu garantieren. **Psalm 64** → Bitte um Bewahrung vor dem Bösen.

❑ ❑ ❑ ❍ ❍ ❍ ❑ ❑ ❑

18 **5Mose 15-16** → Wir lesen von dem Erlaß- oder Sabbatjahr und den wichtigsten Festen. **Psalm 63** → Wir lesen vom Durst der Heiligen nach Gott.

❑ ❑ ❑ ❑ ❍ ❍ ❍ ❍ ❑ ❑ ❑ ❑

19 **5Mose 17-19** → Wir lesen von den Werkzeugen der Theokratie in Israel: den Richtern, dem König, den Priestern und Leviten und den Propheten. Wir lesen von den Freistädten und dem Strafgesetz. **Psalm 49** → Wir lesen von der Vergänglichkeit und dem Betrug des Reichtums.

❑ ❑ ❑ ❍ ❍ ❍ ❑ ❑ ❑

20 **5Mose 20-21** → Wir lesen von den Regeln für den heiligen Krieg und von verschiedenen anderen Gesetzen. **Psalm 53** → Wir lesen wie Gott Schrecken über die Toren kommen läßt, die behaupten, es gäbe keinen Gott.

❑ ❑ ❑ ❍ ❍ ❍ ❑ ❑ ❑

21 **5Mose 22-23** → Wir lesen von der Auslegung von Geboten, die den Nächsten betreffen, und von Geboten, die die Heiligkeit Israels betreffen. **Psalm 17** → Hilferuf eines von gottlosen Menschen Unterdrückten.

❑ ❑ ❑ ❍ ❍ ❍ ❑ ❑ ❑

22 **5Mose 24-26** → Wir lesen von verschiedenen Gesetzen und von der Zeremonie für die Darbringung der ersten Früchte und des Zehnten. - Die Ordnung bei Ehescheidung ist kein Gebot, wie die Pharisäer später (vgl. Mt 19,7) behaupteten, sondern ein Zugeständnis. - Das *Ausziehen des Schuhs* geht wohl auf den Brauch zurück, auf dem ererbten Land bei der Inbesitznahme umherzugehen.

❑ ❑ ❑ ❍ ❍ ❍ ❑ ❑ ❑

23 **5Mose 27-28** → Wir lesen vom Gebot der Bundeserneuerung und der Erklärung von Segen und Fluch. **Psalm 73** → Wir lesen vom scheinbaren Glück der Gottlosen.

❑ ❑ ❑ ❍ ❍ ❍ ❑ ❑ ❑

24 **5Mose 29-30** → Wir lesen von der Zusammenfassung der Bundesgesetze. **Psalm 43** → Kleines Lied vom Vertrauen auf den HERRN.

❑ ❑ ❑ ❍ ❍ ❍ ❑ ❑ ❑

25 **5Mose 31-32** → Wir lesen Moses letzte Ermahnungen und sein Lied. **Psalm 67** → Bitte um den Segen Gottes.

❑ ❑ ❑ ❍ ❍ ❍ ❑ ❑ ❑

26 **5Mose 33-34** → Wir lesen wie Mose die 12 Stämme segnete und wie er starb. **Psalm 90** → Wir lesen noch diesen Psalm des Mose.

❑ ❑ ❑ ❑ ❍ ❍ ❍ ❍ ❑ ❑ ❑ ❑

27 **Das Buch Josua** ist das Kriegs- und Siegesbuch des Alten Testaments. Es ist die Fortsetzung des 5. Buches Mose, auf das es häufig Bezug nimmt. Sein Generalthema ist die Eroberung des verheißenen Landes, was Israel allein der Treue Gottes zu verdanken hat. Kapitel 1-12 umspannen die ersten 5-6 Jahre nach Moses Tod. Die beiden letzten Kapitel beschreiben Ereignisse, die etwa 20 Jahre später stattfinden. Dazwischen geht es um die Verteilung des Landes. Der Verfasser ist bis auf die letzten Verse wahrscheinlich Josua selbst, der um 1480 v.Chr. in Ägypten geboren wurde und um 1370 v.Chr. als Nachfolger Moses in Kanaan starb.

Josua 1-4 → Wir lesen von der Bevollmächtigung Josuas, der Erkundung Jerichos, der Überquerung des Hochwasser führenden Jordan und der Aufrichtung der Gedenksteine. - 26 Kilometer nördlich der Stelle, wo Israel durch den Jordan zog, staute sich der Fluß. Es ist möglich, daß Gott sich hierbei des Mittels eines *Erdbebens* bediente, wie es auch viel später am 8.12.1267 und am 11.7.1927 geschah, wo der Unterlauf des Jordan für 10 bzw. 21 Stunden trocken lag. Ein *Wunder* war es auf jeden Fall.

❑ ❑ ❑ ❍ ❍ ❍ ❑ ❑ ❑

28 **Josua 5-7** → Wir lesen von der Heiligung der Israeliten in Gilgal, von der Eroberung Jerichos und von der Niederlage vor Ai wegen Achans Diebstahl.

❑ ❑ ❑ ❍ ❍ ❍ ❑ ❑ ❑

29 **Josua 8-10** → Wir lesen von dem Sieg über Ai, dem verhängnisvollen Bündnis mit den Gibeonitern und dem daraus folgenden Krieg, der zur Eroberung des südlichen Teils von Kanaan führte. - Das *Wunder des sogenannten „langen Tages“* ist ein übernatürliches Gesche-

hen, für das wir letztlich keine Erklärung haben. Vielleicht können wir es uns aber so vorstellen: Das israelitische Heer verfolgte nach dem nächtlichen Sieg bei Gibeon die Feinde bis zu der Höhe von Bet-Horon. Der Mond stand noch über dem Tal Ajalon und die Sonne wollte gerade hinter dem israelitischen Heer aufgehen. Da betete Josua offenbar um eine Verlängerung der Nacht. Gott beantwortete das Gebet mit einem Hagelsturm. Die Sonne stand still, wörtlich: *„hörte auf“* und *„beeilte sich nicht aufzugehen“* (so kann das Wort in Jos 10,13 auch übersetzt werden). Es blieb also den ganzen Tag lang dunkel, was die kanaanitischen Streitwagen wirkungslos machte und den Israeliten den Sieg gab. (Andere meinen allerdings, daß Josua um eine Verlängerng des Tages gebetet hätte. Sicher wissen wir es nicht.)

❑ ❑ ❑ ❍ ❍ ❍ ❑ ❑ ❑

30 **Josua 11-12** → Wir lesen von der Eroberung des nördlichen Teils von Kanaan. **Psalm 91** → Wir lesen von dem, der im Schutz des Höchsten wohnt.

❑ ❑ ❑ ❍ ❍ ❍ ❑ ❑ ❑

31 **Josua 13-14** → Wir lesen von der Anweisung an Josua, das noch nicht eroberte Land auszuteilen und der Bitte des alten Kaleb um sein Erbe. **Psalm 71** → Kampflied der Hoffnung Israels.

Buch	Schlüsselwort	Schlüsselvers
5Mose	Gehorsam	5Mo 6,4-7
Josua	Eroberung	Jos 11,23

❑ ❑ ❑ ❍ ❍ ❍ ❑ ❑ ❑

1 **Josua 15-16** → Wir lesen von den Erbteilen Judas und Ephraims. **Psalm 78** → Wir lesen noch einmal einen Rückblick auf Gottes Eingreifen in der Geschichte Israels.

❑ ❑ ❑ ❍ ❍ ❍ ❑ ❑ ❑

2 **Josua 17-19** → Wir lesen von den Erbteilen Manasses und denen der anderen Stämme. **Psalm 100** → Wir sollten in diesen Jubel mit einstimmen!

❑ ❑ ❑ ❍ ❍ ❍ ❑ ❑ ❑

3 **Josua 20-21** → Wir lesen von den Zufluchtsstädten zum Schutz vor Blutrache und dem Erbteil der Leviten. **Psalm 28** → Wir lesen von einem, der sich beim HERRN vor den Gottlosen in Sicherheit bringt.

❑ ❑ ❑ ❍ ❍ ❍ ❑ ❑ ❑

4 **Josua 22-24** → Wir lesen von dem Problem mit den ostjordanischen Stämmen, von Josuas letzter Ermahnung an alle Führer des Volkes und der Erneuerung des Bundes mit Gott.

❑ ❑ ❑ ❍ ❍ ❍ ❑ ❑ ❑

5 **Das Buch der Richter** ist die Fortsetzung des Buches Josua, dessen Tod hier noch einmal berichtet wird. Seinen Namen hat es von den Führern, die militärische und richterliche Funktionen in einzelnen Stämmen, manchmal auch für ganz Israel, erfüllten. Wahrscheinlich überlappen sich die Zeiten einiger Unterdrückungs- und Richterperioden. Insgesamt können je sieben Perioden der Knechtschaft und Befreiung verfolgt werden. Geistlich gesehen kann die Zeit am besten durch die Worte in Ri 17,6 und 21,5 wiedergegeben werden: *„In jenen Tagen war kein König in Israel. Jeder tat, was recht war in seinen Augen."* Das Buch wurde vermutlich am Anfang der Königszeit zwischen 1040 und 1020 v.Chr. möglicherweise von Samuel geschrieben.

Richter 1-3 → Wir lesen von dem Versagen der Stämme Israels, das verheißene Land einzunehmen und von den ersten drei Richtern.

❑ ❑ ❑ ❍ ❍ ❍ ❑ ❑ ❑

6 **Richter 4-5** → Wir lesen wie die Prophetin Debora zusammen mit dem Feldherrn Barak Israel befreite und wie sie Gott für den Sieg lobten. **Psalm 114** → Wir lesen auch dieses Loblied im Rückblick auf Israels Auszug aus Ägypten.

❑ ❑ ❑ ❍ ❍ ❍ ❑ ❑ ❑

7 **Richter 6-8** → Wir lesen von Gideons Berufung, seinem großen Sieg und seinem Versagen.

❑ ❑ ❑ ❍ ❍ ❍ ❑ ❑ ❑

8 **Richter 9-11** → Wir lesen wie der Sohn Gideons, Abimelech, König wurde und umkam, von der Bedrükkung durch die Amalekiter und der Befreiung durch Jeftah.

❑ ❑ ❑ ❑ ❍ ❍ ❍ ❍ ❑ ❑ ❑ ❑

9 **Richter 12-15** → Wir lesen von Jeftahs Bestrafung des Stammes Ephraim und von Simsons Kampf gegen die Philister, die sich im Gebiet der fünf Städte Gaza, Ekron, Askalon, Gath und Asdod gegen Israel zusammengeschlossen hatten.

❑ ❑ ❑ ❍ ❍ ❍ ❑ ❑ ❑

10 **Richter 16-18** → Wir lesen von Simsons Fall und seiner Rache und von dem Götzendienst der durch Micha begonnen worden war und dann den Stamm Dan erfaßte.

❑ ❑ ❑ ❍ ❍ ❍ ❑ ❑ ❑

11 **Richter 19-21** → Wir lesen von dem moralischen Verfall des Volkes: der Schandtat der Einwohner von Gibea und dem daraus folgenden Krieg gegen die Benjaminiter.

❑ ❑ ❑ ❑ ❍ ❍ ❍ ❍ ❑ ❑ ❑ ❑

12 **Das Buch Rut** ist das einzige biblische Buch, das nach einer nichtjüdischen Frau benannt wurde. Es wurde vielleicht noch vor der Salbung Davids zum König eventuell von Samuel aufgeschrieben. Die Geschichte spielt in der Richterzeit, als eine Hungersnot im Land herrschte. Es beinhaltet die Botschaft von der Gnade Gottes, der mit zwei armen verlassenen Frauen die Geschichte des Hauses David beginnt, aus dem später der Messias, der Christus Jesus, hervorgehen wird.

Rut 1-4 → Wir lesen diese schöne Geschichte von Liebe und Erlösung.

❑ ❑ ❑ ❍ ❍ ❍ ❑ ❑ ❑

13 **Das erste Buch Samuel** beinhaltet einen Zeitraum von ungefähr 100 Jahren. Es beginnt mit der Geburt Samuels (um 1120 v.Chr.) und beschreibt die geschichtlichen Ereignisse des beginnenden Königtums in Israel. Nach 1Chr 29,29 hat Samuel wenigstens einen Teil des Buches geschrieben. Der eigentliche Verfasser ist uns aber unbekannt. Er müßte nach dem Jahr 931 v.Chr. gelebt haben, als Israel sich in Nord- und Südreich teilte (vgl. 1Sam. 27,6). Samuel ist die zentrale Gestalt in den ersten Kapiteln. Er bereitet die weiteren Hauptpersonen, Saul und David auf ihren Dienst vor.

1Samuel 1-3 → Wir lesen von Samuels Geburt und seiner Kindheit unter dem Hohenpriester Eli und von seiner Berufung zum Propheten.

❑ ❑ ❑ ❑ ❍ ❍ ❍ ❍ ❑ ❑ ❑ ❑

14 **1Samuel 4-7** → Wir lesen von der Bundeslade: von ihrer Eroberung durch die Philister und wie Gott durch sie seine Macht an den Philistern demonstrierte, von ihrer Rückkehr und ihrer Wiederherstellung.

❑ ❑ ❑ ❑ ❍ ❍ ❍ ❍ ❑ ❑ ❑ ❑

15 **1Samuel 8-11** → Wir lesen wie es zur Wahl eines Königs für Israel kam und wie König Saul seine ersten Siege errang.

❑ ❑ ❑ ❍ ❍ ❍ ❑ ❑ ❑

16 **1Samuel 12-14** → Wir lesen von Samuels Abschiedsrede, von Sauls erstem großen Versagen und der Heldentat seines Sohnes Jonathan.

❑ ❑ ❑ ❍ ❍ ❍ ❑ ❑ ❑

17 **1Samuel 15-17** → Wir lesen von Sauls zweitem großen Versagen, von Davids Salbung zum König und seinem Kampf gegen Goliat. - Daß Saul den David in Kap. 17 nicht zu kennen scheint, während er doch vorher schon am Hof des Königs gedient hatte, wie Kap. 16 berichtet, kann folgendermaßen erklärt werden: David war nicht ständig bei Saul gewesen (vgl. 17,15; 18,2). Offenbar wurde er nur geholt, wenn Saul von dem bösen Geist, den der HERR ihm zur Strafe geschickt hatte, geplagt wurde. Die Diener hatten Saul zwar einmal Namen und Familie Davids genannt, aber für Saul war er nur ein kleiner Musiker, den er allerdings lieb gewann und später den Titel eines Waffenträgers verlieh. Nun können zwischen beiden Begebenheiten durchaus mehrere Jahre vergangen sein. Durch den Sieg über Goliat war David ein bedeutender Mann geworden, dessen Herkunft klargestellt werden mußte und der fortan ständig bei Hofe blieb.

❑ ❑ ❑ ❑ ❍ ❍ ❍ ❍ ❑ ❑ ❑ ❑

18 **1Samuel 18-20** → Wir lesen von Davids Freundschaft mit Jonathan und seiner Flucht vor Saul. **Psalm 59** → Wir lesen das Lied Davids, das in jener Zeit entstand.

❑ ❑ ❑ ❑ ❍ ❍ ❍ ❍ ❑ ❑ ❑ ❑

19 **1Samuel 21** → Wir lesen von Davids Flucht nach Nob und Gat, wo David sich wahnsinnig stellen mußte, um mit dem Leben davonzukommen. Wir lesen das Lied, das David damals schrieb: **Psalm 34. - 1Samuel 22** → Wir lesen von Sauls furchtbarer Rache an den Priestern in Nob und das Lied Davids über den gottlosen Verräter Doeg: **Psalm 52**

❑ ❑ ❑ ❑ ❍ ❍ ❍ ❍ ❑ ❑ ❑ ❑

20 **1Samuel 23** → Wir lesen wie David die Leute von Keila befreite und von den Sifitern verraten wurde. Auch aus dieser Erfahrung entstand ein Lied Davids: **Psalm 54**. - **1Samuel 24** → Wir lesen von Davids Großmut gegenüber Saul, seiner Bitte um die Gnade Gottes in seinen Verfolgungen und von der Festigkeit seines Vertrauens auf den HERRN in **Psalm 57**.

❑ ❑ ❑ ❑ ❍ ❍ ❍ ❍ ❑ ❑ ❑ ❑

21 **1Samuel 25-27** → Wir lesen wie David Abigail zur Frau gewinnt, wie er Sauls Leben zum zweiten Mal schont, wie er dann aber entmutigt zu den Philistern geht und mit Betrug und Täuschung arbeitet. **Psalm 56** → Wir lesen noch ein Lied Davids, das er bei den Philistern schrieb.

❑ ❑ ❑ ❑ ❍ ❍ ❍ ❍ ❑ ❑ ❑ ❑

22 **1Samuel 28-31** → Wir lesen von Sauls Zuflucht beim Spiritismus, den er doch Zeit seines Lebens bekämpfte, vom Mißtrauen der Philister gegen David, die er ja die ganze Zeit betrogen hatte, von Davids Züchtigung und seiner Umkehr zu Gott und vom schmählichen Tod Sauls durch Selbstmord.

❑ ❑ ❑ ❍ ❍ ❍ ❑ ❑ ❑

23 **Das zweite Buch Samuel** bildete im ursprünglichen hebräischen Text mit dem ersten ein einziges Buch. Erst als das Alte Testament im 3. Jahrhundert v.Chr. ins Griechische übersetzt wurde, führten die Übersetzer in Alexandrien diese Teilung ein, die sich heute in allen Bibelausgaben findet, auch den hebräischen. Das Buch beinhaltet die Machtentfaltung und Erniedrigung des Königtums Davids.

2Samuel 1-3 → Wir lesen von Davids aufrichtiger Klage um Saul und Jonathan, von seinem Königtum über Juda, von dem Kampf mit Sauls General Abner und von dessen Überlaufen zu David und Abners Tod.

❑ ❑ ❑ ❑ ❍ ❍ ❍ ❍ ❑ ❑ ❑ ❑

24 **2Samuel 4** → Wir lesen von der hinterlistigen Ermordung Isch-Boschets. **Psalm 26** könnte in dieser Zeit entstanden sein, als David seine Unschuld an diesem Verbrechen beteuerte. - **2Samuel 5-6** → Wir lesen von der Eroberung Jerusalems und der Rückkehr der Bundeslade.

❑ ❑ ❑ ❑ ❍ ❍ ❍ ❍ ❑ ❑ ❑ ❑

25 **2Samuel 7** → Wir lesen von Gottes Bund mit David und seinem Dankgebet. Ein weiteres Dankgebet, das auch zu diesem Anlaß gehört, findet sich in **Psalm 21**. Wir lesen weiter **2Samuel 8-9** von der Aufrichtung des davidischen Reiches und von Davids Rücksichtnahme gegenüber Sauls Familie.

❑ ❑ ❑ ❍ ❍ ❍ ❑ ❑ ❑

26 **2Samuel 10-12** → Wir lesen die Vorgeschichte von Davids großer Sünde, von der Tat und den schlimmen Versuchen, sie zu vertuschen, aber auch von seiner Buße, die er ergreifend in **Psalm 51** wiedergibt.

❑ ❑ ❑ ❍ ❍ ❍ ❑ ❑ ❑

27 **2Samuel 13-14** → Wir lesen wie in Davids Haus die Sünde überhand nimmt, aber David bei Vergewaltigung und Mord in der eigenen Familie zu nachsichtig ist. Das hat schreckliche Folgen. - **Psalm 120** Wir lesen die Bitte um Bewahrung vor Lügen.

❑ ❑ ❑ ❑ ❍ ❍ ❍ ❍ ❑ ❑ ❑ ❑

28 **2Samuel 15** → Wir lesen von Absaloms Rebellion und Davids Flucht. In dieser Zeit entstand auch der **Psalm 3**. - **2Samuel 16** Zu der hier geschilderten Situation würde der **Psalm 7** passen, obwohl ein Benjaminit namens Kusch im Alten Testament sonst nicht bekannt ist.

❑ ❑ ❑ ❍ ❍ ❍ ❑ ❑ ❑

29 **2Samuel 17** → Wir lesen von Ahitophels Rat gegen David und dann Davids Klage über den Verräter in **Psalm 41**.

2Samuel 18 → Wir lesen von Absaloms Niederlage und Tod.

❑ ❑ ❑ ❍ ❍ ❍ ❑ ❑ ❑

30 **2Samuel 19-20** → Wir lesen von der Vorbereitung der Rückkehr Davids und der Wiederherstellung seiner Autorität. **Psalm 109** → Wir lesen den Psalm, der die Rache Gott überläßt.

Buch	Schlüsselwort	Schlüsselvers
Richter	Abfallen	Ri 21,25
Rut	Ruhe	Rt 1,9
1Samuel	Gebet	1Sam 8,6
2Samuel	Regierung	2Sam 5,1

Nach dem Lesen sollten wir überlegen, welche biblische Wahrheit wir gefunden haben und dafür danken. Vielleicht sollten wir auch um die Hilfe Gottes bitten, das Erkannte im Alltag zu verwirklichen.

❑ ❑ ❑ ❍ ❍ ❍ ❑ ❑ ❑

1 **2 Samuel 21-22** → Wir lesen von der Sühnung einer Schuld Sauls, und Davids großen Dankespsalm am Ende seines Lebens. **Psalm 139** → Auch diese Erfahrung hatte David in seinem Leben gemacht.

❑ ❑ ❑ ❍ ❍ ❍ ❑ ❑ ❑

2 **2 Samuel 23-24** → Wir lesen von Davids letzten Worten und von seinen Helden, von seiner Volkszählung und deren verheerenden Folgen. **Psalm 62** drückt das Vertrauen Davids auf seinen HERRN aus, das sein ganzes Leben bestimmt hat.

❑ ❑ ❑ ❍ ❍ ❍ ❑ ❑ ❑

3 Ursprünglich waren **1. und 2. Könige** nur ein einziges Buch, das als Fortsetzung des Samuelbuches gedacht war. Bücher der Könige heißen sie, weil sie die Regierungen aller Könige von Israel und Juda (außer Saul) verzeichnen. Sie zeigen die drei großen Perioden der Geschichte der Könige: das vereinte Königreich, das geteilte Reich Juda-Israel und das überlebende Reich Juda bis zu seiner Deportation in die Gefangenschaft nach Babylon. Die Königsbücher sind kurz nach dem Jahr 560 v.Chr. vollendet worden, ihr inspirierter Verfasser wird uns aber nicht genannt.

1 Könige 1-3 → Wir lesen von Davids letzten Anordnungen, seinem Tod und von Salomos gutem Anfang in seiner demütigen Bitte um Weisheit.

❑ ❑ ❑ ❑ ❍ ❍ ❍ ❍ ❑ ❑ ❑ ❑

4 **Das Lied der Lieder.** Von den 1005 Liedern, die Salomo geschrieben hat, ist das Hohelied das beste und schönste. Das sagt schon sein Titel. Es stammt wahrscheinlich noch aus Salomos Jugendzeit, bevor er König wurde und ist ein Loblied auf die Ehe, auf die Liebe zwischen dem Mann und seiner Frau. Das Hohelied rühmt die Schönheit und Reinheit ehelicher Liebe. Die Wirklichkeit einer menschlichen Ehe ist freilich nur die schwache Kopie

eines hervorragenden Originals. Das Original ist Gottes Liebe zu seinem Volk, zu Israel und zur Gemeinde. Eine Ehe ist demnach Abbild jener göttlichen Wirklichkeit und nicht umgekehrt. Doch in den Erfahrungen unserer von Gott geschenkten ehelichen Liebe begreifen wir ein wenig von dem, was seine Liebe zu uns ausmacht.

Hoheslied 1-4 → Wir lesen von der wachsenden Liebe zwischen Braut und Bräutigam und von ihrer Hochzeit.

❑ ❑ ❑ ❑ ❍ ❍ ❍ ❍ ❑ ❑ ❑ ❑

5 **Hoheslied 5-8** → Wir lesen von der Reifung der Liebe in der Ehe, wie das Problem der Gleichgültigkeit überwunden wurde und wie das Verlangen nach gegenseitiger Nähe wächst.

❑ ❑ ❑ ❍ ❍ ❍ ❑ ❑ ❑

6 **1Könige 4-6** → Wir lesen von Salomos Ordnung in der Verwaltung des Staates, seinen Vorbereitungen für den Tempelbau und vom Bau selbst.

❑ ❑ ❍ ❍ ❑ ❑

7 **1Könige 7-8** → Wir lesen von der Einrichtung des Tempels und von seiner Einweihung.

❑ ❑ ❑ ❑ ❍ ❍ ❍ ❍ ❑ ❑ ❑ ❑

8 **Das Buch der Sprüche** ist Gottes Schatzbuch der Weisheit. Es zeigt, wie das Wort Gottes auf jeden Lebensbereich angewendet werden soll: Die wahre Lebensweisheit ruht auf dem Fundament der Gottesfurcht. Der größte Teil der Sprüche stammt von Salomo und wurde unter seinen Nachfolgern aufgeschrieben. Zur Zeit Hiskias (250 Jahre nach Salomo) lagen die Kapitel 1-24 offensichtlich schon vor und Hiskia ließ noch einige Sprüche anfügen.

Sprüche 1-4 → Wir lesen die Worte Salomos über den Wert der Weisheit.

❑ ❑ ❑ ❑ ❍ ❍ ❍ ❍ ❑ ❑ ❑ ❑

9 **Sprüche 5-8** → Wir lesen vom Wert der Weisheit bei der Bewahrung vor Ehebruch, vor Armut, vor Streit, vor Unzucht und von ihrer Belohnung.

❑ ❑ ❑ ❍ ❍ ❍ ❑ ❑ ❑

10 **Sprüche 9-11** → Hier beginnt eine zweite Sammlung mit Sprüchen Salomos. Es sind Sprüche, die eine gerechte und gottlose Lebensführung einander gegenüberstellen.

❑ ❑ ❑ ❍ ❍ ❍ ❑ ❑ ❑

11 **Sprüche 12-14** → Wir lesen weitere Sprüche, die eine gerechte und gottlose Lebensführung einander gegenüberstellen.

❑ ❑ ❑ ❍ ❍ ❍ ❑ ❑ ❑

12 **Sprüche 15-17** → Wir lesen Sprüche, die eine gerechte Lebensführung rühmen.

❑ ❑ ❑ ❍ ❍ ❍ ❑ ❑ ❑

13 **Sprüche 18-20** → Wir lesen weiter Sprüche, die eine gerechte Lebensführung rühmen.

❑ ❑ ❑ ❍ ❍ ❍ ❑ ❑ ❑

14 **Sprüche 21-23** → Wir lesen die Sprüche Salomos zu Ende und beginnen mit Sprüchen der Weisen (ab 22,17).

❑ ❑ ❑ ❍ ❍ ❍ ❑ ❑ ❑

15 **Sprüche 24-26** → Wir lesen die Sprüche der Weisen und beginnen mit einem weiteren Abschnitt salomonischer Sprüche, die von den Männern Hiskias zusammengetragen wurden.

❑ ❑ ❑ ❍ ❍ ❍ ❑ ❑ ❑

16 **Sprüche 27-29** → Wir lesen die Sprüche Salomos, die von den Männern Hiskias zusammengetragen wurden, weiter.

❑ ❑ ❑ ❍ ❍ ❍ ❑ ❑ ❑

17 **Sprüche 30-31** → Wir lesen die Worte Agurs und die Worte Lemuels, die auf die Unterweisung seiner Mutter zurückgehen und zeigen, wie eine Ehefrau sein sollte. **Psalm 127** → Als Abschluß lesen wir noch einen Psalm des Hauptverfassers des Buches der Sprüche.

❑ ❑ ❑ ❍ ❍ ❍ ❑ ❑ ❑

18 **1Könige 9-11** → Wir lesen von den späten Jahren der Regierung Salomos: von Gottes Reden zu ihm, vom Glanz seiner Regierung, von seinem Ruhm, der bis zur Königin von Saba gedrungen war, aber auch von seiner Vielweiberei und seinem Götzendienst, vom Niedergang seiner Regierung und seinem Tod.

❑ ❑ ❑ ❑ ❍ ❍ ❍ ❍ ❑ ❑ ❑ ❑

19 **Der Prediger** fragt, welchen Gewinn ein Mensch von all seiner Mühsal hat. Gewinn ist das, was nach Abzug aller Kosten bleibt. Die Frage lautete also, ob ein Mensch sich einen bleibenden Wert auf Erden erarbeiten kann. Die Antwort ist ein klares Nein. Deshalb möchte der Prediger die Menschen dazu bewegen, ihr Vertrauen allein auf den Schöpfer zu setzen. Das Buch wurde von einem Sohn Davids, König in Jerusalem, verfaßt, der durch Schaden klug geworden ist und seine Leser vor diesem Schaden bewahren will. Offensichtlich handelt es sich um das Zeugnis des am Ende seines Lebens wiederhergestellten Salomo.

Prediger 1-4 → Wir lesen von der Nichtigkeit alles menschlichen Strebens und aller menschlichen Errungenschaften.

❑ ❑ ❑ ❑ ❍ ❍ ❍ ❍ ❑ ❑ ❑ ❑

20 **Prediger 5-8** → Wir lesen von der Nichtigkeit menschlicher Errungenschaften und menschlicher Weisheit, wenn die Beziehung zu Gott fehlt.

❑ ❑ ❑ ❑ ❍ ❍ ❍ ❍ ❑ ❑ ❑ ❑

21 **Prediger 9-12** → Wir lesen von Hilflosigkeiten und Unwägbarkeiten, von Jugend und Alter und den abschließenden Rat: Fürchte Gott und halte seine Gebote.

❑ ❑ ❑ ❍ ❍ ❍ ❑ ❑ ❑

22 **1 Könige 12-14** → Wir lesen von der Teilung des Reiches in ein Nordreich Israel und ein Südreich Juda, von Jerobeams Götzendienst und seiner schlechten Regierung in Israel und Rehabeams schlechter Regierung in Juda.

❑ ❑ ❑ ❍ ❍ ❍ ❑ ❑ ❑

23 **1 Könige 15-17** → Wir lesen von den judäischen Königen Abija und Asa (der ein Gott wohlgefälliger König war), von dem israelitischen König Nadab, der umgebracht wurde, von Bascha, der die Familie Jerobeams ausrottete, von Ela, der ein Trinker war, von Simri, der nur sieben Tage regierte, von Omri, der bis zu dieser Zeit der stärkste Führer des Nordreiches war, von Ahab, der mit einer üblen Frau verheiratet war und von dem Propheten Elia, der Ahab widerstand.

❑ ❑ ❍ ❍ ❑ ❑

24 **1 Könige 18-19** → Wir lesen vom Entscheidungskampf des Propheten Elia auf dem Karmel, von seiner Flucht und Niedergeschlagenheit und von seiner Begegnung mit Gott am Horeb.

❑ ❑ ❑ ❍ ❍ ❍ ❑ ❑ ❑

25 **1 Könige 20-22** → Wir lesen von Ahabs Kriegen mit Damaskus, von seiner Auseinandersetzung mit Nabot und von seinem Tod, außerdem von der guten Regierung Joschafats im Südreich Juda und vom Beginn der schlechten Regierung Ahasjas, des Sohnes Ahabs, im Nordreich Israel.

❑ ❑ ❑ ❍ ❍ ❍ ❑ ❑ ❑

26 **2 Könige 1-3** → Wir lesen vom Ende der Regierung Ahasjas im Nordreich, von der wunderbaren Entrückung des Propheten Elia und den ersten Wundern Elisas. - Bethel war ein Zentrum des Götzendienstes im Nordreich. So richtete sich der Spott der aufgehetzten Kinder gegen den Gott Elisas, der sich daraufhin an seinen Gott wandte und den Fluch aussprach.

❑ ❑ ❍ ❍ ❑ ❑

27 **2 Könige 4-5** → Wir lesen von weiteren hilfreichen Wundertaten Elisas. Während seiner Wirkungszeit regierte Joram das Nordreich Israel.

❑ ❑ ❑ ❍ ❍ ❍ ❑ ❑ ❑

28 **2 Könige 6-8** → Wir lesen von weiteren Wundern und Weissagungen Elisas und von der Regierung der Könige des Südreiches Joram (der nicht identisch mit dem Joram von Israel ist) und Ahasja.

❑ ❑ ❑ ❍ ❍ ❍ ❑ ❑ ❑

29 **Obadja**, der „Knecht des HERRN", der das kürzeste Buch des Alten Testaments schrieb, verkündigte das Gericht Gottes über Edom am Tag des HERRN und die gleichzeitige Erneuerung Israels. Wahrscheinlich wirkte er in der Zeit Jorams, nachdem die Edomiter kurz zuvor von Juda abgefallen waren und zusammen mit den Arabern und Philistern Jerusalem überfallen hatten.

Obadja. → Wir lesen, was der Prophet über Edom und den Tag des HERRN sagt und den **Psalm 83,** der auf die bösen Taten der Edomiter anspielt. **Psalm 55** → Dazu lesen wir den Psalm, der einen Mann im Wirbel großer Bedrängnis zeigt.

❑ ❑ ❍ ❍ ❑ ❑

30 **2 Könige 9-10** → Wir lesen von der Herrschaft des Königs Jehu im Nordreich, der von Elisa zum König gesalbt und mit der Aufgabe betraut wird, das Haus Ahab und den Baalskult auszurotten.

❑ ❑ ❑ ❑ ❑ ❍ ❍ ❍ ❍ ❍ ❑ ❑ ❑ ❑ ❑

31 **2 Könige 11** → Wir lesen von der Herrschaft der Königin Atalja in Juda, die eine „würdige“ Tochter Isebels war und fast die ganze Nachkommenschaft des jüdischen Königshauses ausgerottet hätte und davon, wie Joasch König wurde. - **Joel 1-4** → Wir lesen von Zions Bedrückung und von seiner Errettung am Tag des HERRN.

Wahrscheinlich war es in dieser Zeit, daß Gott den Propheten **Joel** in seinen Dienst rief. Joel sollte das Volk angesichts der schrecklichen Heuschreckenplage zur Umkehr mahnen. Außerdem verkündigt er prophetisch den großen Tag des HERRN.

Buch	Schlüsselwort	Schlüsselvers
1Könige	Größe und Fall	1Kö 11,4
2Könige	Götzendienst	2Kö 17,22-23
Hoheslied	Liebe	Hl 8,6-7
Sprüche	Weisheit	Spr 9,10
Prediger	Sinnlosigkeit	Pr. 12,13
Obadja	Vergeltung	Ob 1,15
Joel	Tag des Herrn	Joel 3,1-4

Wir glauben nicht an die Bibel,
aber an alles, was sie sagt.

Apg 24,14 *„Das bekenne ich dir aber ... daß ich an alles glaube, was im Gesetz und in den Propheten geschrieben steht.“*

❑ ❑ ❑ ❍ ❍ ❍ ❑ ❑ ❑

1 **2Könige 12-14** → Wir lesen von der 40jährigen Herrschaft des gottesfürchtigen Joasch von Juda und von der Herrschaft des Joahas und seines Sohnes Joasch über das Nordreich Israel, von der Herrschaft Amazjas, des Sohnes des Joasch von Juda und vom Beginn der Herrschaft Jerobeams II. von Israel, der das Nordreich zum Höhepunkt seiner Macht und seines Wohlstands führte, und von dem Propheten Jona.

❑ ❑ ❑ ❑ ❍ ❍ ❍ ❍ ❑ ❑ ❑ ❑

2 In der Anfangszeit der Herrschaft Jerobeams II. (793-753 v.Chr.) bekam der Prophet Jona seinen Auftrag von Gott, der gottlosen heidnischen Stadt Ninive Buße zu predigen. Doch er weigerte sich in bewußtem Ungehorsam gegen Gott, das zu tun, weil er nicht wollte, daß diesen Feinden Israels Gottes Gnade zuteil würde. Es ist möglich, daß Jona seine Geschichte später selbst aufgeschrieben hat.

Jona 1-4 → Wir lesen wie Gott den Jona dazu brachte, der großen Stadt Ninive Buße zu predigen. - Das Gebiet der Stadt schloß die umliegenden Vorstädte mit ein, deshalb brauchte Jona so lange, um bis ins Zentrum zu kommen. Auch das Ereignis mit dem großen Fisch ist nicht unwahrscheinlich. Es ist nachgewiesen, daß Riesenhaie schon Menschen verschlungen haben, die kurze Zeit später noch lebend im Magen des Fisches gefunden wurden.

❑ ❑ ❑ ❑ ❍ ❍ ❍ ❍ ❑ ❑ ❑ ❑

3 **Amos** war offensichtlich ein wohlhabender Mann, der in der Umgebung von Tekoa im Südreich Juda als Züchter und Viehhirt lebte, als er von Gott zum Propheten über das Nordreich Israel berufen wurde. Das befand sich zu dieser Zeit unter Jerobeam II. auf dem Höhepunkt seiner Macht. Sein Dienst begann zwei Jahre vor dem großen Erdbeben, vermutlich im Jahr 762 v.Chr. Zweck seiner Botschaft war, Israels Gewissen zu wecken und das Volk

aus seinem trügerischen Optimismus aufzuschrecken. Man nennt Amos auch den „Jakobus des Alten Testaments“.

Amos 1-4 → Gott kündigt Gericht über die Nachbarvölker an, droht aber auch seinem Volk wegen seiner Sünden und tadelt ihre Unbußfertigkeit.

❑ ❑ ❑ ❑ ❑ ❍ ❍ ❍ ❍ ❍ ❑ ❑ ❑ ❑ ❑

4 **Amos 5-9** → Gott ruft die Israeliten zur Umkehr, kündigt sein Strafgericht wegen ihrer Sittenlosigkeit an und zeigt dem Amos fünf Bilder, die sein baldiges Gericht, aber auch endzeitlichen Segen ankündigen.

❑ ❑ ❑ ❑ ❍ ❍ ❍ ❍ ❑ ❑ ❑ ❑

5 Noch gegen Ende der Regierungszeit Jerobeams II. wurde **Hosea** zum Propheten berufen. Er mußte den Niedergang des Nordreiches und den Untergang der Hauptstadt Samaria 722 v.Chr. erleben und noch zusehen, wie Israel in die assyrische Gefangenschaft geführt wurde. Von leidenschaftlicher Liebe zu seinem Volk erfüllt, predigte und lebte er ihnen vor, wie Gott über sie dachte. Er ließ sein Volk vor Gottes Gericht erschrecken, zeigt ihnen aber immer wieder auch die lockende Liebe ihres HERRN. Hosea gilt als der „Johannes des Alten Testaments“.

Hosea 1-4 → Wir lesen von Hoseas Ehe, durch die er die Sünde Israels veranschaulichen soll, von der Untreue Israels im Bild von der „Frau“, mit der sich Gott vermählt hatte, und vom Götzendienst der Priesterschaft Israels.

❑ ❑ ❑ ❑ ❑ ❍ ❍ ❍ ❍ ❍ ❑ ❑ ❑ ❑ ❑

6 **Hosea 5-9** → Wir lesen wie Gott sein Volk Israel und Juda ermahnt und in Liebe zu sich ziehen will, wie er den Bundesbruch Israels aufdeckt und auf ihre Vergehen antwortet.

❑ ❑ ❑ ❑ ❑ ❍ ❍ ❍ ❍ ❍ ❑ ❑ ❑ ❑ ❑

7 **Hosea 10-14** → Wir lesen von von der Ankündigung des göttlichen Gerichts über Israel wegen seines Götzendienstes, von der Liebe Gottes zu seinem Volk und von seiner Mahnung zur Umkehr.

❑ ❑ ❑ ❍ ❍ ❍ ❑ ❑ ❑

8 **Micha** lebte zur gleichen Zeit wie Amos und Hosea im Nordreich zwischen 740 und 686 v.Chr. Er stammte aus einer Stadt im Südwesten Judas. Seine Botschaft war an die Hauptstadt des Nordreiches gerichtet und an Jerusalem. Gott beauftragte ihn damit noch vor der Zerstörung Samarias. Micha verurteilte ähnlich wie Amos Herrscher, Priester und Propheten, unehrliche Geschäfte, die Ausbeutung der Armen und Heuchelei. Er verkündigte das nahende Gericht Gottes, aber auch künftiges Heil. Im Gegensatz zu Jesaja, der Gottes Botschaft den Königen brachte, war Micha ein Herold Gottes für das einfache Volk.

Micha 1-3 → Wir lesen von Gottes Gericht über Samaria und Juda insgesamt und davon, wie dieses Gericht einzelne Gruppen des Volkes treffen wird.

❑ ❑ ❑ ❑ ❍ ❍ ❍ ❍ ❑ ❑ ❑ ❑

9 **Micha 4-7** → Wir lesen vom kommenden Reich Gottes, von Gottes Anklage gegen sein Volk und von Michas Fürsprache vor dem HERRN.

❑ ❑ ❑ ❍ ❍ ❍ ❑ ❑ ❑

10 **2 Könige 15-17** → Wir lesen von der Herrschaft des gottesfürchtigen Asarja von Juda, der auch Usija genannt wird, und von fünf gottlosen Königen im Nordreich, die alle aber nur sehr kurz regierten, und von Jotam und Ahas im Südreich Juda. - In der gesamten *Geschichte des Nordreiches* gab es nicht einen gottesfürchtigen König, auch von Hoschea, dem letzten König Israels kann man das nicht sagen. Die zusammenfassende Beurteilung Gottes ist mit der Geschichte von der Entstehung der Samariter verbunden.

❑ ❑ ❑ ❍ ❍ ❍ ❑ ❑ ❑

11 **Jesaja** ist der „König" der alttestamentlichen Propheten, wenn wir die gewaltige Schau von Gott, die Macht der Sprache, die Schönheit des Ausdrucks und die geistliche Tiefe seines Buches berücksichtigen. Gleichzeitig ist er aber auch der „Evangelist" unter den Propheten. Seine Berufung erfolgte im Todesjahr des Königs Usija von

Juda 740 v.Chr. Nach jüdischer Überlieferung soll er unter Manasse den Märtyrertod gestorben sein. Demnach verkündigte er 55 Jahre lang Gottes Gerechtigkeit, warnte vor seinem Gericht und tröstete sein Volk. Seine Verkündigung kann folgendermaßen eingeteilt werden: die Botschaft an das damalige Volk (Kapitel 1-39), die Botschaft vom kommenden Messias (Kapitel 40-55), die Botschaft von der Endzeit (Kapitel 56-66). Wir können davon ausgehen, daß alle Teile des Buches von Jesaja selbst stammen.

Jesaja 1-3 → Wir lesen von der Anklage des HERRN gegen sein Volk: Er führt einen Rechtshandel mit ihnen, zeigt ihnen die Konsequenzen ihres Tuns für die Zukunft auf und droht künftiges Gericht an.

❑ ❑ ❑ ❍ ❍ ❍ ❑ ❑ ❑

12 **Jesaja 4-6** → Wir lesen von der kommenden Herrlichkeit der Übriggebliebenen, von dem unfruchtbaren Weinberg und der wunderbaren Berufung Jesajas zum Propheten.

❑ ❑ ❑ ❍ ❍ ❍ ❑ ❑ ❑

13 **Jesaja 7-9** → Wir lesen von der Ankündigung des Immanuel, von dem Zeichen des Sohnes Jesajas und der Verheißung des Sohnes Davids.

❑ ❑ ❑ ❍ ❍ ❍ ❑ ❑ ❑

14 **Jesaja 10-12** → Wir lesen vom Überfall Assyriens auf Immanuels Land, vom Immanuel-König selbst und vom Jubellied der Erlösten.

❑ ❑ ❑ ❑ ❍ ❍ ❍ ❍ ❑ ❑ ❑ ❑

15 **Jesaja 13-16** → Bis Kapitel 23 werden göttliche Gerichtsandrohungen über verschiedene Nationen ausgesprochen. Wir lesen von dem Gericht über Babylon, das erst mehr als 100 Jahre später zur Großmacht aufstieg und nachdem es Juda in die 70jährige Gefangenschaft geführt hatte die Strafe Gottes durch die Meder erlebte, dann auch von der Gerichtsandrohung über Assur, über die Philister und Moab.

❑ ❑ ❑ ❑ ❍ ❍ ❍ ❍ ❑ ❑ ❑ ❑

16 **Jesaja 17-20** → Wir lesen von Gottes Gerichtsdrohung über Damaskus und Israel (In der Anfangszeit Jesajas bestand das Nordreich Israel noch), von der über Kusch (Äthiopien) und Ägypten.

❑ ❑ ❑ ❍ ❍ ❍ ❑ ❑ ❑

17 **Jesaja 21-23** → Wir lesen von Gottes Gerichtsdrohung über Babylon, Duma und Arabien, über Jerusalem und Tyrus.

❑ ❑ ❑ ❑ ❍ ❍ ❍ ❍ ❑ ❑ ❑ ❑

18 **Jesaja 24-27** → Wir lesen von Gottes Gerichten am Tag des HERRN und den anschließenden Segnungen. Die Kapitel könnte man in Anlehnung an das letzte Buch der Bibel „die Offenbarung des Jesaja“ nennen.

❑ ❑ ❑ ❍ ❍ ❍ ❑ ❑ ❑

19 **Jesaja 28-30** → Bis Kapitel 33 werden sechs Wehrufe ausgesprochen, fünf über die Ungläubigen in Israel und einer über Assyrien. Wir lesen von den Wehrufen über Ephraim und Juda, über Ariel (Jerusalem), über die, die geheime Pläne zur Allianz mit Ungläubigen schmieden, und über die widerspenstigen Söhne.

❑ ❑ ❑ ❑ ❑ ❍ ❍ ❍ ❍ ❍ ❑ ❑ ❑ ❑ ❑

20 **Jesaja 31-35** → Wir lesen von den Wehrufen über die, die ein Bündnis mit Ägypten suchen, von den Wehrufen über den Verwüster Assyrien und von den Segnungen für Gottes Volk, außerdem von dem Gericht über Israels Feinde und der Heimkehr des Volkes.

❑ ❑ ❑ ❑ ❑ ❍ ❍ ❍ ❍ ❍ ❑ ❑ ❑ ❑ ❑

21 **Jesaja 36-37** → Wir lesen das geschichtliche Zwischenstück, das die Verbindung zwischen dem ersten und dem zweiten Teil des Buches herstellt. Wir lesen weiter, wie Jerusalem von den Assyrern bedroht und von Gott befreit wurde. **Psalm 75** ist ein Lobpreis Gottes, der

gut in diese Situation paßt. - **Jesaja 38-39** → Wir lesen weiter von Hiskias Krankheit und Sünde.

❑ ❑ ❍ ❍ ❑ ❑

22 **Jesaja 40-41** → Mit Kapitel 40 beginnt das Trostbuch Jesajas. Wir lesen von der gewaltigen Größe Gottes, der sein Volk tröstet und der in Form eines riesigen Gerichtsprozesses klarstellt, wer wirklich Gott ist.

❑ ❑ ❑ ❍ ❍ ❍ ❑ ❑ ❑

23 **Jesaja 42-44** → In diesem Prozeß stellt Gott nun seinen Auserwählten, den Messias, vor und ruft dann das ganze Volk Israel in den Zeugenstand.

❑ ❑ ❑ ❑ ❍ ❍ ❍ ❍ ❑ ❑ ❑ ❑

24 **Jesaja 45-48** → Wir lesen von Kyrus, der die Babylonier besiegen und Israel die Heimkehr erlauben wird (schon Kapitel 41,2 wurde er ohne Namensnennung erwähnt). Gott kündigt den Befreier 140 Jahre vor dessen Geburt an und 90 Jahre bevor Juda überhaupt in die babylonische Gefangenschaft geführt wurde.

❑ ❑ ❑ ❍ ❍ ❍ ❑ ❑ ❑

25 **Jesaja 49-51** → Im Abschnitt bis Kapitel 57 geht es um den Dienst des Knechtes des HERRN und die Wiederherstellung Israels. Wir lesen vom Auftrag des Knechtes, von der Gegenüberstellung seines Gehorsams und Israels Sünde und von der Ermutigung für die Getreuen in Zion.

❑ ❑ ❑ ❍ ❍ ❍ ❑ ❑ ❑

26 **Jesaja 52-54** → Wir lesen von dem künftigen Jerusalem, vom Knecht Gottes, der für unsere Sünden starb und vom Glück des wiederhergestellten Israel.

❑ ❑ ❑ ❍ ❍ ❍ ❑ ❑ ❑

27 **Jesaja 55-57** → Wir lesen ein evangelistisches Kapitel und davon, daß die an Gott gläubigen Heiden in den Segen Israels hineingenommen, die Gottlosen aber verdammt werden.

❑ ❑ ❑ ❍ ❍ ❍ ❑ ❑ ❑

28 **Jesaja 58-60** → Wir lesen, daß die Wiederherstellung Israels durch Gottes Initiative zustande kommt: er zeigt, was falsche und echte Frömmigkeit ist, er kündigt sein Kommen und die zukünftige Herrlichkeit Zions an.

❑ ❑ ❑ ❍ ❍ ❍ ❑ ❑ ❑

29 **Jesaja 61-63** → Wir lesen vom zukünftigen Heil beim Kommen des Messias, von seinem Eifer für Jerusalem, von seiner Rache und dem großen Bittgebet des heiligen Überrestes.

❑ ❑ ❑ ❍ ❍ ❍ ❑ ❑ ❑

30 **Jesaja 64-66** → Wir lesen das Bittgebet zu Ende und erfahren die Antwort des HERRN: Gnade und Gericht. Das letzte Kapitel des Propheten Jesaja ist der Höhepunkt des Buches und beschreibt die Zeit des 1000jährigen Reiches.

Buch	Schlüsselwort	Schlüsselvers
Jona	Umkehr	Jona 4,2
Amos	Strafe	Am 4,12
Hosea	Hurerei	Hos 4,12
Micha	Gott begegnen!	Mi 6,8; 7,18
Jesaja	Heil	Jes 43,3-4

Juli

❑ ❑ ❑ ❑ ❍ ❍ ❍ ❍ ❑ ❑ ❑ ❑

1 **2Könige 18-20** → Wir lesen von der Strafexpedition der Assyrer nach Samaria und Jerusalem und von der Regierung des frommen Königs Hiskia von Juda. **Psalm 87** → Wir lesen das Lied der Söhne Korachs.

❑ ❑ ❑ ❍ ❍ ❍ ❑ ❑ ❑

2 **2Könige 21-23** → Wir lesen von der langen Regierung des gottlosen Manasse, unter dem auch Jesaja umgebracht wurde, von dem kurzen Zwischenspiel des ebenso gottlosen Amon und von der Regierung Josias, des frömmsten Königs, den das Haus David hervorgebracht hatte.

❑ ❑ ❑ ❍ ❍ ❍ ❑ ❑ ❑

3 Etwa 25 Jahre nach Jesajas Tod beruft Gott den Propheten **Nahum.** Seine Botschaft richtet sich an die Stadt Ninive, die mehr als 100 Jahre nach der Predigt Jonas wieder einen gerichtsreifen Zustand erreicht hat. Durch diese Gerichtsansage an den Erzfeind Assyrien sollte Juda getröstet werden.

Nahum 1-3 → Wir lesen von der Ankündigung, der Beschreibung und der Begründung des Gerichts über Ninive.

❑ ❑ ❑ ❍ ❍ ❍ ❑ ❑ ❑

4 **Jeremia** war noch sehr jung, als er im dreizehnten Regierungsjahr des jüdischen Königs Josia zum Propheten berufen wurde. Er hatte eine schwere Last zu tragen, denn seine Botschaft war Gottes letzte Warnung an das Volk, das aber nicht hören wollte. Jede seiner Ankündigungen erfüllte sich, doch folgte man stets den falschen Propheten und nicht ihm. Der Niedergang war schon so weit fortgeschritten, daß das Volk trotz der Reformen Josias, die es nur halbherzig mitmachte, geistlich immer mehr verfiel. Über die Niederschrift eines Teils seiner Weissagungen berichtet Jeremia in Kapitel 36 selbst. Die Endform seines Buches schrieb er in Ägypten, wobei er die Weissagungen aber nicht chronologisch ordnete. Er stellt oft Prophezeiungen nebeneinander, die zeitlich weit auseinander-

liegen. Nach jüdischer Überlieferung wurde er von seinen Volksgenossen in Ägypten gesteinigt.

Jeremia 1-3 → Wir lesen von Jeremias Berufung zum Propheten und seinen ersten Predigten zur Zeit der Reform Josias.

❑ ❑ ❑ ❍ ❍ ❍ ❑ ❑ ❑

5 **Jeremia 4-6** → Wir lesen von Judas und besonders Jerusalems Untreue als „Ehefrau" des HERRN und der angekündigten Scheidung wegen ihrer Treulosigkeit. Auch diese Botschaft wurde in der Zeit Josias verkündet.

❑ ❑ ❑ ❑ ❍ ❍ ❍ ❍ ❑ ❑ ❑ ❑

6 **Jeremia 7-10** → Wir lesen von Judas Heuchelei und Götzendienst. Das ist eine Botschaft Jeremias aus der Zeit des Joahas und Jojakim, von denen wir am Schluß von 2Könige 23 gelesen haben.

❑ ❑ ❑ ❍ ❍ ❍ ❑ ❑ ❑

7 **Jeremia 11-12** → Wir lesen von Judas Verwerfung des Bundes, eine Botschaft, die Jeremia zur Zeit des frommen Königs Josia verkündete. **Psalm 79** → Wir lesen dazu einen prophetischen Psalm, der schon vor Jeremia die Zerstörung Jerusalems und des Tempels ankündigt.

❑ ❑ ❑ ❍ ❍ ❍ ❑ ❑ ❑

8 Kurz nach Jeremias Berufung begann **Zephanja** seinen Dienst. Mit ungeheurer Wucht verkündigte der Prophet dem Volk die Botschaft vom kommenden Tag des HERRN. Doch aus diesem Gottesgericht würde ein gereinigtes und demütiges Volk hervorgehen, in dessen Mitte der HERR selbst wohnen würde. Zephanja war ein Ur-Ur-Enkel des Königs Hiskia, der einzige Prophet von königlicher Abstammung. Er sollte Juda noch in letzter Minute mahnen und warnen.

Zephanja 1-3 → Wir lesen vom Tag des HERRN, der den Zorn Gottes enthüllen, bei seinen Feinden Entsetzen auslösen, aber für Israel Erneuerung bringen wird.

❑ ❑ ❑ ❍ ❍ ❍ ❑ ❑ ❑

9 **Jeremia 13-15** → Wir lesen von Jeremias Zeichenhandlung mit dem Gürtel, von seinem Bild mit dem Weinkrügen und von der Dürre über Juda. - Es ist gut denkbar, daß Jeremia den *Gürtel* nicht 1200 km weit an den *Euphrat* bringen sollte, sondern nach dem Ort Para, der fünf Kilometer nordöstlich von Anatot, Jeremias Geburtsort, liegt. Im Hebräischen sind die Worte „nach Para" identisch mit „an den Euphrat". Die Juden wäre so gut in der Lage gewesen, Jeremia bei seinem Tun genau zu beobachten.

❑ ❑ ❑ ❍ ❍ ❍ ❑ ❑ ❑

10 **Jeremia 16-18** → Wir lesen von den Einschränkungen, die Jeremia auferlegt wurden und von den Sünden Judas, von der Sabbatheiligung und von der Töpferarbeit als Vergleich für Gottes Handeln.

❑ ❑ ❑ ❍ ❍ ❍ ❑ ❑ ❑

11 **Jeremia 19-21** → Wir lesen von dem öffentlichen Zerbrechen des Kruges und den inneren Kämpfen des Propheten zur Zeit der ersten Wegführung, und von der Anklage an König Zedekia zur Zeit der Belagerung Jerusalems.

❑ ❑ ❑ ❍ ❍ ❍ ❑ ❑ ❑

12 **Jeremia 22-23** → Wir lesen von der Gerichtsankündigung gegen die letzten Könige Judas, aber auch von der Erneuerung Judas durch einen gerechten Sproß, und von den Wehrufen über die falschen Hirten des Volkes, Priester und Propheten. **Psalm 45** → Wir lesen diesen Psalm, in dem die Schönheit des Messias besungen wird.

❑ ❑ ❑ ❍ ❍ ❍ ❑ ❑ ❑

13 **Jeremia 24-26** → Wir lesen von der Verwerfung Zedekias als „schlechte Feige" und der Warnung an Jojakim, daß Juda 70 Jahre in die Gefangenschaft geführt werden würde, und von der Ablehung und Verhaftung des Propheten.

❑ ❑ ❑ ❍ ❍ ❍ ❑ ❑ ❑

14 **Jeremia 27-29** → Wir lesen die Warnungen vor dem Optimismus der falschen Propheten. Der falsche Prophet Hanaja stirbt in Jerusalem und der falsche Prophet Schemaja wird in Babel sterben.

❑ ❑ ❑ ❍ ❍ ❍ ❑ ❑ ❑

15 **Jeremia 30-31** → Wir lesen die Verheißung der Wiederherstellung Israels und Judas und die Verheißung des Neuen Bundes. **Psalm 125** → Wir lesen dieses Wallfahrtslied, das sich die Gegenwart des HERRN bewußt macht.

❑ ❑ ❑ ❍ ❍ ❍ ❑ ❑ ❑

16 **Jeremia 32-33** → Wir lesen noch einmal zwei Kapitel von der Wiederherstellung Israels und Judas und dem ewigen Bund, den er mit ihnen schließt. **Psalm 111** → Wir lesen dazu diesen Psalm von den Großtaten des HERRN.

❑ ❑ ❑ ❍ ❍ ❍ ❑ ❑ ❑

17 **Jeremia 34-36** → Wir lesen von Zedekias Verwerfung und der Unbeständigkeit der Menschen, von der Treue der Rechabiter und der Verbrennung der Schiftrolle durch Jojakim.

❑ ❑ ❑ ❍ ❍ ❍ ❑ ❑ ❑

18 **Jeremia 37-39** → Wir lesen von Jeremias Verhaftung und seiner letzten Warnung an Zedekia und von Jerusalems Eroberung und Plünderung.

❑ ❑ ❑ ❍ ❍ ❍ ❑ ❑ ❑

19 **Jeremia 40-42** → Wir lesen von dem Gericht über den rebellischen Rest Judas, der nicht auf die Worte des Propheten hören will.

❑ ❑ ❑ ❑ ❍ ❍ ❍ ❍ ❑ ❑ ❑ ❑

20 **Jeremia 43-45** → Wir lesen von dem Gericht über den rebellischen Rest Judas in Ägypten und der

Verheißung an den Schreiber Jeremias, Baruch. **Psalm 124** → Dazu lesen wir das Wallfahrtslied von David: Unsere Seele ist entronnen.

❑ ❑ ❑ ❍ ❍ ❍ ❑ ❑ ❑

21 In der Zeit etwa, als Jeremia über Ägypten weissagte, berief Gott den Prophet Habakuk, der ihn viel nach dem „Warum" des Geschehens fragte, aber auch klare Antworten erhielt, wofür er ihn im letzten Kapitel durch einen Dankpsalm ehrt.

Habakuk 1-3 → Wir lesen von Habakuks Verwirrung über Gottes Wege, von den Antworten, die er vernahm, und wir lesen den Dankpsalm, den er schrieb.

❑ ❑ ❑ ❍ ❍ ❍ ❑ ❑ ❑

22 **Jeremia 46-48** → Wir lesen weiter von den Gerichtsankündigungen Jeremias gegen Ägypten, gegen die Philister und gegen Moab.

❑ ❑ ❍ ❍ ❑ ❑

23 **Jeremia 49-50** → Wir lesen von den Gerichtsankündigungen über die Völker Palästinas und über Babylon.

❑ ❑ ❑ ❑ ❍ ❍ ❍ ❍ ❑ ❑ ❑ ❑

24 **Jeremia 51-52** → Wir lesen von Gottes Rache an Babylon, das er zuvor gebrauchte, um sein Volk zu richten, und von dem Schicksal Jerusalems und seiner Bewohner. - **2Könige 24-25** → Wir lesen noch einmal von den letzten Königen Judas und dem Untergang Jerusalems.

❑ ❑ ❑ ❍ ❍ ❍ ❑ ❑ ❑

25 *„Und es geschah, als Israel gefangengenommen und Jerusalem zerstört war, daß Jeremia weinend dasaß und diese Klagelieder über Jerusalem klagte und sagte..."* so beginnt die griechische Übersetzung des Alten Testaments (LXX) das **Buch der Klagelieder**, dessen Verfasser sonst nicht genannt wird. Es besteht aber kein

Zweifel, daß Jeremia dieses kunstvoll aufgebaute Buch verfaßte, das starke Parallelen zu 5.Mose 28 aufweist, denn es zeigt die Erfüllung des dort angekündigten Fluches.

Klagelieder 1-2 → Wir lesen die ersten beiden Klagelieder, bei denen jeder der 22 Verse drei Zeilen hat und jeweils mit den nächsten Buchstaben des hebräischen Alphabets beginnt. **Psalm 44** → Wir lesen diesen Rückblick auf die Geschichte Israels.

❑ ❑ ❑ ❍ ❍ ❍ ❑ ❑ ❑

26 **Klagelieder 3-5** → Wir lesen das mittlere Klagelied, das Jeremias Antwort enthält und besonders kunstvoll aufgebaut ist: Immer drei der insgesamt 66 Verse beginnen mit dem gleichen Buchstaben des Alphabets. Kapitel 4 ist das Gegenstück zu Kapitel 2 und ebenfalls alphabetisch aufgebaut. Nur das 5. Kapitel ist nicht alphabetisch, aber das Gegenstück zu Kapitel 1.

❑ ❑ ❑ ❍ ❍ ❍ ❑ ❑ ❑

27 **Der Prophet Hesekiel** wurde als 30jähriger am Fluß Kebar in der Nähe von Babylon berufen. Seine Botschaft empfing er hauptsächlich in Visionen und gab sie in Gleichnisreden und -handlungen wieder. Er ist der einzige der großen Propheten, der eine strikte chronologische Ordnung einhält. Vor der Zerstörung Jerusalems (bis Kapitel 32) predigte er Gericht und Buße, danach aber wurde er zum Tröster und Prediger von Hoffnung und Zuversicht, denn bis ins letzte Detail beschrieb er Israels künftigen Ruhm und Glanz (Kapitel 33-48). Sein Leitmotiv ist die Herrlichkeit Gottes. Kein anderer Prophet benutzte so viele Bilder und visuelle Hilfsmittel, wie er.

Hesekiel 1-3 → Wir lesen von Hesekiels Berufung und Vorbereitung auf seine Aufgabe. **Psalm 99** → Wir lesen den Lobpreis des HERRN.

❑ ❑ ❑ ❑ ❍ ❍ ❍ ❍ ❑ ❑ ❑ ❑

28 **Hesekiel 4-7** → Wir lesen wie Hesekiel die Belagerung Jerusalems symbolisch darstellen mußte und wie er das Gericht über Juda ankündigte.

❑ ❑ ❑ ❑ ❍ ❍ ❍ ❍ ❑ ❑ ❑ ❑

29 **Hesekiel 8-11** → Wir lesen von Hesekiels Versetzung nach Jerusalem und dem Auszug der Herrlichkeit Gottes aus der Stadt.

❑ ❑ ❑ ❑ ❍ ❍ ❍ ❍ ❑ ❑ ❑ ❑

30 **Hesekiel 12-14** → Wir lesen von verschiedenen Zeichenhandlungen Hesekiels, die Jerusalems Exil darstellen sollen und von seinen Strafreden gegen falsche Propheten und Götzendienst. Allerdings wird der HERR einen Rest des Volkes verschonen. **Psalm 102** → Dazu lesen wir das Gebet eines Menschen, der in seinem Elend zu Gott ruft und nach den zukünftigen Zeiten Ausschau hält.

❑ ❑ ❑ ❍ ❍ ❍ ❑ ❑ ❑

31 **Hesekiel 15-16** → Wir lesen von Jerusalem, das mit dem unbrauchbaren Holz des Weistocks und einer untreuen Ehefrau verglichen wird. **Psalm 112** → Wir lesen vom Glück dessen, der den HERRN fürchtet.

Buch	Schlüsselwort	Schlüsselvers
Nahum	Ninive	1,2a+3a
Jeremia	Abtrünnigkeit	3,22
Zephanja	Eifer	1,18
Habakuk	Warum?	1,3
Klagelieder	Trauer	3,37-38
Hesekiel	Gottes Herrlichkeit	1,28

August

❑ ❑ ❑ ❍ ❍ ❍ ❑ ❑ ❑

1 **Hesekiel 17-18** → Wir lesen von dem Treuebruch des jüdischen Königs, der durch ein Gleichnis dargestellt wird und von der persönlichen Verantwortung jeder Generation. **Psalm 1** → Wir lesen vom Glück des Menschen, der seine Lust hat am Wort des HERRN.

❑ ❑ ❑ ❍ ❍ ❍ ❑ ❑ ❑

2 **Hesekiel 19-20** → Wir lesen von einem Klagelied über die Fürsten Israels und vom Greuel des Götzendienstes in Israel. **Psalm 115** → Wir lesen wie gut es ist, dem lebendigen Gott und nicht den Götzen zu vertrauen.

❑ ❑ ❑ ❍ ❍ ❍ ❑ ❑ ❑

3 **Hesekiel 21-22** → Wir lesen von den vier Schwertbotschaften und der Blutstadt Jerusalem. - **Psalm 86** → Wir lesen als Gegensatz dazu den Psalm mit der Bitte, daß der HERR uns seinen Weg lehren möge.

❑ ❑ ❑ ❍ ❍ ❍ ❑ ❑ ❑

4 **Hesekiel 23-24** → Wir lesen das drastische Gleichnis, das zwei ehebrecherische Schwestern mit den beiden Hauptstädten Israels, Samaria und Jerusalem, vergleicht und das Bild vom Kochtopf, das die Zerstörung Jerusalems symbolisiert. **Psalm 116** → Als Gegensatz dazu lesen wir diesem Psalm von der Liebe zum HERRN.

❑ ❑ ❑ ❍ ❍ ❍ ❑ ❑ ❑

5 **Hesekiel 25-26** → Von Kapitel 25 an lesen wir von den Schreckensgerichten gegen Israels Nachbarn. Wir lesen von Gottes Gericht über Amon, Moab, Edom, die Philister und Tyrus. **Psalm 94** → Wir lesen diesen Psalm von der Rache Gottes. Viele Bibelleser empfinden die sogenannten *Rachepsalmen* als ein Problem. Folgende Überlegungen könnten eine Hilfe sein: 1. Der Psalmbeter tut eigentlich das, was auch das Neue Testament sagt: Er rächt sich nicht selbst (Rö 12,19; Hebr 10,30), sondern überläßt Gott die Rache. 2. Der Beter fordert Gott auf, Ver-

geltung zu üben, denn ohne Vergeltung ist eine göttliche Gerechtigkeit nicht denkbar (2Thess 1,4-9). 3. Die Feinde sind letztlich keine persönlichen Feinde, sondern Feinde der Sache Gottes. So macht der Beter Gottes Sache zu seiner eigenen. 4. Von daher könnten wir in den Feinden den eigentlichen Feind Gottes erkennen, der gerichtet werden muß.

❑ ❑ ❑ ❍ ❍ ❍ ❑ ❑ ❑

6 **Hesekiel 27-28** → Wir lesen von dem Gericht über die Städte Tyrus und Sidon. **Psalm 93** → Wir lesen von der Festigkeit des Thrones Gottes, der ewig besteht.

❑ ❑ ❑ ❍ ❍ ❍ ❑ ❑ ❑

7 **Hesekiel 29-30** → Wir lesen von der Sünde Ägyptens, seiner Niederlage im Kampf mit den Babyloniern und von seiner Zerstörung. **Psalm 97** → Wir lesen von der Freude über das Königsein des HERRN.

❑ ❑ ❑ ❍ ❍ ❍ ❑ ❑ ❑

8 **Hesekiel 31-32** → Wir lesen von dem ägyptischen Pharao, der wie eine Zeder gefällt wird und von dem Klagelied, das Hesekiel über ihn anstimmt. **Psalm 101** → Wir lesen das Lied, das von Gnade und Recht singt.

❑ ❑ ❑ ❍ ❍ ❍ ❑ ❑ ❑

9 **Hesekiel 33-34** → Wir lesen ab Kapitel 33 bis zum Schluß des Buches von Israels künftigem Segen und speziell jetzt von Hesekiels Wächterdienst und dem Hirtendienst des HERRN an seinem Volk. **Psalm 107** → Wir lesen dazu dieses Lied vom Hirtendienst des HERRN an seinem Volk.

❑ ❑ ❑ ❍ ❍ ❍ ❑ ❑ ❑

10 Hesekiel 35-36 → Wir lesen von Edom, dem als Prototyp des Feindes Zerstörung angekündigt wird, vom Segen Gottes über Israel und der Rückkehr des Volkes. **Psalm 108** → Wir lesen diesen Lobpreis Gottes.

❑ ❑ ❑ ❍ ❍ ❍ ❑ ❑ ❑

11 **Hesekiel 37-39** → Wir lesen von der berühmten Vision auf dem Totenfeld und von dem Gericht über den Angreifer Gog aus Magog.

❑ ❑ ❑ ❍ ❍ ❍ ❑ ❑ ❑

12 **Hesekiel 40-41** → Ab Kapitel 40 wird uns die priesterliche Pracht des erneuerten Israel gezeigt. Wir lesen die Beschreibung von dem künftigen Tempel. **Psalm 132** → Wir lesen von dem Verlangen Davids, dem HERRN ein Haus zu bauen, was er mehr als 400 Jahren vorher in diesem Psalm ausdrückte.

❑ ❑ ❑ ❍ ❍ ❍ ❑ ❑ ❑

13 **Hesekiel 42-43** → Wir lesen aus der Beschreibung des neuen Tempels die Gestaltung der Nebengebäude und wir lesen von der Rückkehr der Herrlichkeit des HERRN. **Psalm 74** → Durch diesen Psalm erinnern wir uns, wie gräßlich es war, als der Tempel zerstört wurde.

❑ ❑ ❑ ❍ ❍ ❍ ❑ ❑ ❑

14 **Hesekiel 44-45** → Wir lesen von den Tempeldienern und dem Land der Tempelpriester. **Psalm 122** → Wir lesen von der Freude, zum Haus des HERRN zu gehen.

❑ ❑ ❑ ❍ ❍ ❍ ❑ ❑ ❑

15 **Hesekiel 46-48** → Wir lesen von den Vorschriften für die Festtage im Zusammenhang mit dem Tempel, von dem Fluß, der aus dem Tempel entspringen wird und von der Aufteilung des Landes im künftigen Reich.

❑ ❑ ❑ ❍ ❍ ❍ ❑ ❑ ❑

16 **Daniel** wurde als 14jährige Geisel schon im Jahr 605 v.Chr. nach Babylon verschleppt. Dort bekam er eine dreijährige Ausbildung zum Hofbeamten des Königs und tat sich bald durch seine große Weisheit hervor. Ungefähr 70 Jahre lang bezeugte er den babylonischen Königen die Erhabenheit Gottes über alle Völker, den niemand

an der Ausführung seiner Pläne hindern kann. Von der Bibelkritik wird die Verfasserschaft Daniels mit verschiedenen Argumenten bestritten, die aber alle widerlegt werden können. Das Hauptgegenargument ist letztlich die Leugnung echter Prophetie, denn die Vorhersagen über die Makkabäerzeit in Kapitel 8 und 11 sind bis in Einzelheiten frappierend genau.

Daniel 1-2 → Wir lesen von Daniels Verschleppung, Ausbildung und Erprobung und von Daniels Deutung des Standbildes, das Nebukadnezar im Traum sah. **Psalm 121** → Daniel hat es genau so erfahren, wie es der Psalm sagt: „Meine Hilfe kommt von dem HERRN, der Himmel und Erde gemacht hat."

❑ ❑ ❑ ❍ ❍ ❍ ❑ ❑ ❑

17 **Daniel 3-4** → Wir lesen von der Erprobung der Freunde Daniels, die lebendig verbrannt werden sollten, und von Daniels Deutung des Traumes vom Baum und dessen Erfüllung an Nebukadnezar. **Psalm 146** → Wir lesen diesen Psalm vom Wohl dessen, der auf JHWH hofft.

❑ ❑ ❑ ❍ ❍ ❍ ❑ ❑ ❑

18 **Daniel 5-6** → Wir lesen wie Daniel am 12. Oktober 539 v.Chr. die Schrift an der Wand deutete und kurze Zeit später in die Löwengrube mußte. Er war damals bereits 80 Jahre alt. **Psalm 142** → Wir wissen nicht, was Daniel in der Löwengrube gebetet hat. Vielleicht war es so ähnlich wie Davids Gebet in der Höhle.

❑ ❑ ❑ ❍ ❍ ❍ ❑ ❑ ❑

19 **Daniel 7-9** → Wir lesen von dem Gesicht mit den vier Tieren und dem Menschensohn, von dem Gesicht mit dem Widder (Medo-Persisches Reich), dem Ziegenbock (Alexander, der Große) und dem kleinen Horn (Antiochus IV. ein Vorbild auf den Antichrist) und von Daniels Bußgebet und dem Gesicht mit den 70 Jahrwochen, das bis in die Zeit Jesu führt.

❑ ❑ ❑ ❍ ❍ ❍ ❑ ❑ ❑

20 **Daniel 10-12** → Wir lesen von der letzten großen Offenbarung, die Daniel empfing. Sie reicht vom Perserreich bis zum Auferstehungsleben in der neuen Schöpfung. Im Einzelnen lesen wir von der dämonischen Verschwörung gegen Israel, von dem geweissagten Auftreten Alexanders des Großen und seiner Nachfolger, besonders des Judenverfolgers Antiochus IV., der ein Bild für den Antichristen darstellt und von einer Prophetie über Drangsal, Auferstehung und neue Schöpfung.

❑ ❑ ❑ ❍ ❍ ❍ ❑ ❑ ❑

21 **Esra** war ein Urenkel des Hohenpriesters Seraja, der von Nebukadnezar 586 v.Chr. in Ribla getötet worden war, und demzufolge ein Verwandter des amtierenden Hohenpriesters. Vermutlich hatte er am persischen Hof die Stellung eines Staatssekretärs für jüdische Angelegenheiten inne, als er vom König nach Juda gesandt wurde und damit die zweite Rückwanderungswelle im Jahr 458 v.Chr. einleitete. Esra war ein exzellenter Schriftgelehrter, der wahrscheinlich das nach ihm genannte Buch selbst zusammenstellte. In ihm finden sich Berichte, Dekrete, Genealogien, Briefe und persönliche Erlebnisse. Esra hat sein Material nicht chronologisch, sondern eher nach Sachgruppen geordnet, was man beim Lesen beachten sollte. Zusammen mit dem Buch Nehemia, das seine letzte Fassung vielleicht von Esra erhielt, umfaßt der Bericht einen Zeitraum von mehr als 100 Jahren, nämlich von dem Edikt des Kyrus im Jahr 538 v.Chr. bis zur zweiten Rückkehr Nehemias nach Jerusalem um 430 v.Chr.

Esra 1-3 → Wir lesen von dem Erlaß des Kyrus und dem Beginn der Heimkehr des Volkes nach Jerusalem. Wir betrachten die Liste mit den Namen der Heimkehrer und lesen vom Beginn des Tempelbaus und dem gewaltigem Jubel bei der Grundsteinlegung.

❑ ❑ ❑ ❑ ❍ ❍ ❍ ❍ ❑ ❑ ❑ ❑

22 **Psalm 126** → Wir lesen den Psalm, der die Freude der Rückkehr aus der Gefangenschaft beschreibt -

Esra 4,1- 5 und V. 24 → Wir lesen in den sechs Versen, wie schnell eine mit Freude begonnene Sache wieder zum Erliegen kommt. Etwa 16 Jahre lang wurde nicht weitergebaut, bis Gott den Propheten Haggai berief. - In diesem Kapitel stellt Esra die Berichte von mehreren Aktionen gegen die Juden zusammen, die aber in unterschiedliche Zeiten gehören. In unserem Zusammenhang sind nur die ersten fünf und der letzte Vers relevant. → Wir lesen zunächst bei dem Propheten Haggai weiter.

Haggai war nach jüdischer Überlieferung bei Hesekiel in Babylon in die Schule gegangen. Er wird erst gegen Ende der 16 Jahre nach Jerusalem gekommen sein, weil er in der Liste von Esra 2 nicht erwähnt wird. Er weissagte nur wenige Monate, vom 29. August bis zum 18. Dezember 520 v.Chr. Doch sein vollmächtiger Dienst brachte das Volk dazu, in kürzester Zeit wieder mit dem Tempelbau zu beginnen.

Haggai 1-2 → Wir lesen vom ersten Auftreten Haggais und der schnellen Reaktion des Volkes, von der zukünftigen Herrlichkeit des Tempels und dem erneuten Ruf zur Umkehr.

❑ ❑ ❑ ❑ ❍ ❍ ❍ ❍ ❑ ❑ ❑ ❑

23 **Sacharja** wurde im November des Jahres 520 v.Chr. von Gott an die Seite Haggais zum Propheten berufen. Seine Botschaften bedeuteten eine entscheidende Ermutigung für das tempelbauende Volk. Zuerst empfing er eine Reihe von acht Nachtgesichten, dann gab er die göttliche Antwort auf die Frage nach bestimmten Fastentagen weiter und verkündigte im letzten Teil seines Buches wie Israel in den Strudel internationaler Machtkämpfe hineingerissen, zuletzt aber durch das Kommen seines Messias-Königs errettet werden würde.

Sacharja 1-4 → Wir lesen wie Sacharja in den Ruf zur Umkehr einstimmt und wie er seine ersten fünf Gesichte empfängt. Daß es sich dabei nicht um Träume handelte, wird besonders Kapitel 4,1 deutlich, wo Sacharja infolge von Erschöpfung eingeschlafen war.

❑ ❑ ❑ ❑ ❑ ❍ ❍ ❍ ❍ ❍ ❑ ❑ ❑ ❑ ❑

24 **Sacharja 5-8** → Wir lesen von den letzten drei Nachtgesichten und der anschließenden Krönung des Hohenpriesters, womit angedeutet wurde, daß der kommende Messias König und Priester in einer Person sein würde. Wir lesen dann, wie eine Delegation von Juden nach den Fastentagen fragt, die sie nach der Zerstörung Jerusalems von sich aus eingeführt hatten. Sie fragen, ob sie jetzt, wenn der Tempel gebaut würde, noch weiter fasten sollten. Wir lesen die verheißungsvollen Antworten Gottes auf diese Frage. **Psalm 96** → Wir lesen von dem neuen Lied, das dem HERRN gesungen werden soll.

❑ ❑ ❑ ❍ ❍ ❍ ❑ ❑ ❑

25 **Sacharja 9-11** → Wir lesen von dem ersten „Lastwort" Sacharjas, das beschreibt, wie feindliche Völker zur Anbetung gebracht werden, wie dann aber Israel eine Waffe in der Hand Gottes und ein starker Gottesheld sein wird. Umrahmt wird das Ganze von der Ankündigung des Messias-Königs (9,9-10) und der Ablehnung des guten Hirten (11,4-17).

❑ ❑ ❑ ❍ ❍ ❍ ❑ ❑ ❑

26 **Sacharja 12-14** → Wir lesen von dem zweiten „Lastwort" Sacharjas, das beschreibt, wie Jerusalem belagert und errettet wird, das dann wieder den Messias als den Durchbohrten und den Geschlagenen im Blick hat, was von der höchsten Gefahr für Jerusalem spricht und vom Kommen des Messias in Macht und Herrlichkeit. Dann, in dem beginnenden 1000jährigen Reich werden wieder feindliche Völker zur Anbetung gebracht werden.

❑ ❑ ❑ ❍ ❍ ❍ ❑ ❑ ❑

27 **Esra 5-6** → Wir lesen, welche Widerstände bei der Wiederaufnahme des Tempelbaus zu überwinden waren und wie Gott durch den Dienst der Propheten Haggai und Sacharja Gelingen schenkte, so daß der zweite Tempel in Jerusalem nach fünfjähriger Bauzeit endlich eingeweiht werden konnte. **Psalm 118** → Wir lesen den Lobpreis der Gnade Gottes.

❑ ❑ ❑ ❑ ❑ ❍ ❍ ❍ ❍ ❍ ❑ ❑ ❑ ❑ ❑

28 33 Jahre nach Vollendung des zweiten Tempels lebten immer noch sehr viele Juden im Ausland. **Das Buch Ester** berichtet von einer wunderbaren Bewahrung, welche die Exiljuden unter dem Perserkönig Xerxes erlebten. Die Geschichte spielt in Susa, der Winterresidenz der persischen Könige. Zwar wird der Name des HERRN im gesamten Buch nicht einmal erwähnt, aber seine Führung kann man überall in der Geschichte erkennen. Das Buch, das offensichtlich auf den Bericht des Mordechai zurückgeht und von einem uns unbekannten Verfasser aufgeschrieben wurde, erklärt, wie es zum Purimfest der Juden kam.

Ester 1-5 → Wir lesen wie Ester Königin wird und für ihr Volk das Leben wagt.

❑ ❑ ❑ ❑ ❑ ❍ ❍ ❍ ❍ ❍ ❑ ❑ ❑ ❑ ❑

29 **Ester 6-10** → Wir lesen wie Haman gestürzt und Mordechai erhöht wird und wie die Juden sich gegen ihre Feinde verteidigen und sich an ihnen rächen.

❑ ❑ ❑ ❍ ❍ ❍ ❑ ❑ ❑

30 **Esra 7-8** → Wir lesen von Esras Rückkehr nach Jerusalem 57 Jahre nach der Vollendung des 2. Tempels und von dem Glaubenswagnis, das er dabei einging, als er auf eine Eskorte zum Schutz des mitgeführten Tempelschatzes verzichtete.

Esra 4,6-23 → Wir lesen von einer Anklageschrift gegen die Juden unter Xerxes (Vers 6) und von dem Widerstand gegen den weiteren Aufbau der Stadt Jerusalem, der mit der Rückkehr Esras begonnen hatte. Offenbar hatte Esra auch schon versucht, die Mauer wiederaufzubauen. Es kommt zu einem erneuten Baustopp, der dann erst unter Nehemia wieder aufgehoben wird.

❑ ❑ ❑ ❍ ❍ ❍ ❑ ❑ ❑

31 Dreizehn Jahre später kam **Nehemia** nach Jerusalem. Er hatte von dem Zustand Jerusalems und dem Baustop gehört und konnte beim König dessen Aufhe-

bung erwirken. In nur 52 Tagen baute er die Mauer Jerusalems wieder auf. Er wurde von Gott vor allem dazu gebraucht, die sozialen, wirtschaftlichen und gottesdienstlichen Verhältnisse in seinem Volk zu ordnen. Nehemia schrieb seine Geschichte wahrscheinlich bald nach den darin geschilderten Ereignissen, vermutlich kurz nach dem Jahr 430 v.Chr. auf. Dabei arbeitete er auch offizielle Listen ein. Meist schrieb er in der Ich-Form, also 1. Person Einzahl, benutzte aber auch die 3. Person (Kap. 8), was damals nicht unüblich war. Den Schluß bilden die Aufzeichnungen Nehemias aus seinem zweiten Aufenthalt in Jerusalem, der um 430 v.Chr. begann.

Nehemia 1-3 → Wir lesen von Nehemias Gebet und dessen Erhörung, von seinen Bauvorbereitungen und seiner Organisation des Wiederaufbaus der Mauer Jerusalems.

Buch	Schlüsselwort	Schlüsselvers
Daniel	Gottes Erhabenheit	2,20-22
Esra	Heimkehr	7,9-10
Haggai	Tempelbau	1,7-8
Sacharja	Messias	6,13; 9,9
Ester	Gottes Fügung	4,14
Nehemia	Werk, Mauerbau	6,3

Beim Nachsinnen öffnet sich unser Verständnis für eine biblische Aussage, unsere Gefühle binden sich an das Wort und unser Wille wird angespornt.

September

❑ ❑ ❑ ❍ ❍ ❍ ❑ ❑ ❑

1 **Nehemia 4-6** → Wir lesen von den weisen Reaktionen Nehemias auf Widerstand gegen den Mauerbau, der von außen und von innen kam und sich auch gegen ihn selbst richtete.

❑ ❑ ❑ ❍ ❍ ❍ ❑ ❑ ❑

2 **Nehemia 7-9** → Wir lesen vom Abschluß der Arbeit und dem Verzeichnis der Heimkehrer, vom Dienst Esras, der das Gesetz verlas, und vom Bußgebet der Leviten.

❑ ❑ ❑ ❑ ❍ ❍ ❍ ❍ ❑ ❑ ❑ ❑

3 **Nehemia 10-12** → Wir lesen von der Erneuerung des Mosebundes und von der Wiederbesiedlung der Stadt Jerusalem. **Psalm 85** → Wir lesen das Lied, das den HERRN besingt, der die Gefangenschaft Israels gewendet hat.

❑ ❑ ❑ ❍ ❍ ❍ ❑ ❑ ❑

4 Anschließend mußte Nehemia zur Berichterstattung an den persischen Hof zurück. In Juda machte sich Enttäuschung breit, denn der Tempel stand nun schon 80 Jahre aber von dem verheißenen Wohlstand war nichts zu spüren. Die Gebote Gottes wurden nicht mehr so genau genommen. Etwa in dieser Zeit begann der Dienst des **Propheten Maleachi**. Er machte seinem Volk klar, daß man von Gott nicht enttäuscht sein braucht. Er wird seinen Boten senden und den Weg bereiten.

Maleachi 1-3 → Wir lesen von der Güte des HERRN an seinem Volk Israel trotz dessen Undankbarkeit.

❑ ❑ ❑ ❍ ❍ ❍ ❑ ❑ ❑

5 **Nehemia 13; Esra 9-10** → Wir lesen von dem Problem der Mischehen in Juda, das durch den Einsatz von Nehemia und Esra gelöst wird.

❑ ❑ ❑ ❍ ❍ ❍ ❑ ❑ ❑

6 In der hebräischen Bibel bilden die beiden **Chronikbücher** ein einziges Werk, das an den Schluß des hebräischen Kanon gestellt wurde, um ihm besonderes Gewicht zu verleihen. Das Werk beginnt mit der Schöpfung und schließt mit dem Ende der babylonischen Gefangenschaft, konzentriert sich aber auf die Geschichte der jüdischen Könige. Es ist fast ausschließlich eine Bearbeitung aus vorhandenem Quellenmaterial. Mit diesem Werk sollte den aus dem Exil heimgekehrten Juden eine geistliche Orientierung durch Rückbesinnung auf die Vergangenheit gegeben werden. Die Chronik ist nicht einfach eine Wiederholung, sondern sie bietet eine Vogelperspektive der Geschichte Israels. Sie betont die Erhabenheit Gottes, der trotz menschlichem Versagen seine Pläne erfüllt. Es gibt eine Anzahl Argumente dafür, daß der Priester Esra beide Bücher zusammengestellt hat.

1Chronik 1-2 → Wir lesen im Geschlechtsregister von den Nachkommen Adams bis zu David. **Psalm 76** → Wir lesen von dem großen und furchtbaren Gott Israels.

❑ ❑ ❑ ❍ ❍ ❍ ❑ ❑ ❑

7 **1Chronik 3-4** → Wir lesen von den Nachkommen Davids und dem Geschlechtsregister der Stämme Juda und Simeon. **Psalm 29** → Wir lesen von der Gewalt der Stimme des HERRN. Es ist der Psalm der sieben Donner.

❑ ❑ ❑ ❍ ❍ ❍ ❑ ❑ ❑

8 **1Chronik 5-6** → Wir lesen im Geschlechtsregister der transjordanischen Stämme und von den Nachkommen Levis. **Psalm 80** → Wir lesen von den Klagen des Volkes in der Verbannung.

❑ ❑ ❑ ❍ ❍ ❍ ❑ ❑ ❑

9 **1Chronik 7-8** → Wir lesen von den Nachkommen der sechs nördlichen Stämme und den Nachkommen Benjamins. **Psalm 123** → Wir lesen noch dieses kleine Wallfahrtslied.

❑ ❑ ❑ ❍ ❍ ❍ ❑ ❑ ❑

10 **1Chronik 9-10** → Wir lesen das Register von den Bewohnern Jerusalems und Gibeas und von Sauls letzter Schlacht und seinem Tod. **Psalm 18** → Wir lesen Davids Jubellied nach seiner Errettung von allen seinen Feinden.

❑ ❑ ❑ ❍ ❍ ❍ ❑ ❑ ❑

11 **1Chronik 11-12** → Wir lesen von Davids Salbung zum König und von seinen heldenhaften Mitstreitern. **Psalm 61** → Wir lesen das Gebet des Königs für den König.

❑ ❑ ❑ ❑ ❍ ❍ ❍ ❍ ❑ ❑ ❑ ❑

12 **1Chronik 13-16** → Wir lesen wie David die Bundeslade nach Jerusalem bringt: zuerst auf die falsche Weise, dann fand er den rechten Weg zur Überwindung der Philister und schließlich den rechten Weg zur Überführung der Lade.

❑ ❑ ❑ ❑ ❍ ❍ ❍ ❍ ❑ ❑ ❑ ❑

13 **1Chronik 17-20** → Wir lesen von der Verheißung Gottes für David und sein Königtum, und von Davids Außenpolitik.

❑ ❑ ❑ ❍ ❍ ❍ ❑ ❑ ❑

14 **Psalm 60** → Wir lesen diesen Psalm als Nachtrag zu Davids Außenpolitik. - **1Chronik 21-22** → Wir lesen von Davids Volkszählung und deren unheilvollen Folgen und von seinem Auftrag an Salomo, den Tempel zu bauen.

❑ ❑ ❑ ❍ ❍ ❍ ❑ ❑ ❑

15 **1Chronik 23-24** → Wir lesen von Davids Anordnungen für den Tempeldienst. - Wir lesen dazu das kurze Wallfahrtslied: **Psalm 134.**

❑ ❑ ❑ ❑ ❍ ❍ ❍ ❍ ❑ ❑ ❑ ❑

16 **1Chronik 25-27** → Wir lesen von den levitischen Musikern, Torhütern, Schatzmeistern, Verwaltern und der militärischen und politischen Struktur unter David. **Psalm 82** → Wir lesen diesen Aufruf zur Gerechtigkeit besonders den Armen gegenüber.

❑ ❑ ❑ ❍ ❍ ❍ ❑ ❑ ❑

17 **1Chronik 28-29** → Wir lesen von dem abschließenden Auftrag zum Tempelbau, von Davids letzten Worten an das Volk und Salomos Einsetzung zum König. **Psalm 72** → Wir lesen dieses Gebet Salomos.

❑ ❑ ❑ ❑ ❍ ❍ ❍ ❍ ❑ ❑ ❑ ❑

18 **2Chronik 1-3** → Wir lesen von Salomos Weisheit und Reichtum, von seinen Vorbereitungen für den Tempelbau und vom Bau selbst. **Psalm 46** → „Ein feste Burg ist unser Gott, ein gute Wehr und Waffen..." Wir lesen diesen Psalm, nach dem Luther sein Lied gedichtet hat.

❑ ❑ ❑ ❍ ❍ ❍ ❑ ❑ ❑

19 **2Chronik 4-5** → Wir lesen von der Ausstattung des Tempels und von seiner Einweihung. **Psalm 113** → Wir loben den Namen des HERRN mit diesem Lied.

❑ ❑ ❑ ❍ ❍ ❍ ❑ ❑ ❑

20 **2Chronik 6-7** → Wir lesen wie Salomo den Tempel zum Eigentum des HERRN erklärt, wie er betet und wie Gott sein Gebet beantwortet. **Psalm 137** → Wir lesen dieses traurige Lied, das entstand, als der HERR die hier angekündigte Strafe über Israel vollziehen mußte.

❑ ❑ ❑ ❍ ❍ ❍ ❑ ❑ ❑

21 **2Chronik 8-9** → Wir lesen von Salomos politischen Erfolgen, von der erfolgreichen Einrichtung der Tempeldienste, von seinem Ruhm und seinen wirtschaftlichen Erfolgen. **Psalm 138** → Wir lesen den Psalm von David, der dem HERRN dankbar bekennt, daß er sein Wort unter ihm großgemacht hat.

❑ ❑ ❑ ❑ ❍ ❍ ❍ ❍ ❑ ❑ ❑ ❑

22 **2Chronik 10-12** → Wir lesen von der Teilung des Reiches nach Salomos Tod und von dem Königtum Rehabeams und von einem Einfall der Ägypter. **Psalm 89** → Wir lesen das Lied Etans, des Esrachiters, der an den Bund Gottes mit David erinnert.

❑ ❑ ❑ ❑ ❍ ❍ ❍ ❍ ❑ ❑ ❑ ❑

23 **2Chronik 13-16** → Wir lesen von Abija und seinem militärischen Erfolg über das Nordreich Israel, von Asa und seinen Reformen.

❑ ❑ ❑ ❑ ❍ ❍ ❍ ❍ ❑ ❑ ❑ ❑

24 **2Chronik 17-20** → Wir lesen von Joschafats erfolgreicher Regierung, seinem gefährlichen Bund mit Ahab, seiner Rechtspflege und dem wunderbaren Sieg über die Ammoniter und Moabiter.

❑ ❑ ❑ ❑ ❍ ❍ ❍ ❍ ❑ ❑ ❑ ❑

25 **Psalm 48** → Wir lesen den Psalm von den Söhnen Korachs, der wahrscheinlich noch einmal den Sieg Joschafats besingt. **- 2Chronik 21-23** → Wir lesen von der Vernichtung von drei Gegnern der Reform: Jorams Bestrafung durch Elia, Ahasjas Ermordung durch Jehu, Ataljas Hinrichtung durch die Priester.

❑ ❑ ❑ ❍ ❍ ❍ ❑ ❑ ❑

26 **2Chronik 24-26** → Wir lesen von Joaschs Wiederherstellung des Tempels und seinem Abfall von Gott nach dem Tod des Hohenpriesters, von Amazjas Gottvertrauen und späterem Götzendienst, von Ussijas Gottesfurcht und seiner späteren Selbstüberhebung.

❑ ❑ ❑ ❍ ❍ ❍ ❑ ❑ ❑

27 **2Chronik 27-28** → Wir lesen von Jotam, der sich nach dem HERRN richtete und von Ahas, der nichts von ihm wissen wollte. **Psalm 140** → Wir lesen das Gebet Davids gegen die gottlosen Frevler.

❑ ❑ ❑ ❍ ❍ ❍ ❑ ❑ ❑

28 **2Chronik 29-30** → Wir lesen von den Reformen des frommen Königs Hiskia: von seiner Tempelreinigung und dem großen Passafest. **Psalm 135** → Wir lesen das Lied von Gott, der größer ist, als alle Götter.

❑ ❑ ❑ ❍ ❍ ❍ ❑ ❑ ❑

29 **2Chronik 31-32** → Wir lesen weiter von den Reformen Hiskias und der Wiederherstellung des Tempelgottesdienstes, aber auch von der darauffolgenden Belagerung Jerusalems und der wunderbaren Hilfe, die der König erfuhr. **Psalm 149** → Wir lesen von dem Lob Gottes in der Gemeinde der Frommen.

❑ ❑ ❑ ❍ ❍ ❍ ❑ ❑ ❑

30 **2Chronik 33-34** → Wir lesen vom Götzendienst und der späteren Umkehr Manasses und vom Beginn der letzten Reform unter dem jungen König Josia. **Psalm 145** → Wir lesen den Schlußpsalm Davids, der Gottes Königtum besingt.

Buch	Schlüsselwort	Schlüsselvers
Maleachi	Undank	1,2
1Chronik	Geschichte	14,15; 17,21
2Chronik	Tempel	7,16

Persönliche Notizen helfen,
das Erkannte festzuhalten,
und der sanfte Zwang zur Niederschrift bewahrt vor
allzu oberflächlichem Lesen.

❑ ❑ ❑ ❍ ❍ ❍ ❑ ❑ ❑

1 **2Chronik 35** → Wir lesen von Josias Passafeier und seinem Tod in einem nicht notwendigen Krieg gegen Ägypten. **Psalm 144** → Wir lesen die Bitte um die Hilfe des HERRN und den Sieg im Krieg, die Gott aber nicht immer erhört. - **2Chronik 36** → Wir lesen das letzte Kapitel des hebräischen Alten Testaments, das von den letzten vier Königen in Juda berichtet, der Wegführung des Volkes in die Gefangenschaft, das aber auch das Edikt des Kyrus am Ende der babylonischen Gefangenschaft erwähnt.

❑ ❑ ❍ ❍ ❑ ❑

2 Über das irdische Leben unseres Herrn Jesus Christus wissen wir nur so viel, wie uns in den vier **Evangelien** berichtet ist. Diese Schriften sind aber keine Biographien unseres HERRN, denn sie berichten außer über seine Geburt praktisch nur über drei Jahre aus seinem Leben und Leiden. Jedes der vier Evangelien stellt den HERRN aus einer anderen Perspektive dar, aber alle verkündigen die frohe Botschaft von Jesus, dem Sohn Gottes, um ihre Leser zu Glauben zu führen. Wir beginnen mit dem Lukas-Evangelium, weil Lukas zusammen mit der Apostelgeschichte das umfassendste Werk des Neuen Testaments geschrieben hat und wir die anderen neutestamentlichen Schriften dann am besten in die Apostelgeschichte einordnen können. Wann der Arzt **Lukas**, ein Mitarbeiter des Paulus, sein Evangelium geschrieben hat, ist nicht genau bekannt. Es könnte durchaus schon um das Jahr 60 n.Chr. gewesen sein. Das Evangelium ist einem gewissen Theophilus gewidmet, einem gebildeten Nichtjuden, der die Zuverlässigkeit der ihm verkündigten Botschaft erkennen soll. Lukas lenkt den Blick besonders auf die universale Bedeutung des Sendung unseres HERRN als Heiland (Retter) der Welt.

Lukas 1-2 → Wir lesen von der Wegbereitung für den Erlöser und den Vorankündigungen, von der Geburt des Täufers und von der Geburt und Kindheit Jesu.

❑ ❑ ❑ ❍ ❍ ❍ ❑ ❑ ❑

3 **Lukas 3-5** → Wir lesen von den Vorbereitungen des HERRN auf seinen Dienst und vom Beginn seines Wirkens in Galiläa.

❑ ❑ ❑ ❍ ❍ ❍ ❑ ❑ ❑

4 **Lukas 6-8** → Wir lesen vom Dienst unseres HERRN in Galiläa, wie er seine Jünger beruft, ihnen seine Grundsätze erläutert und wie er ihnen sein Erbarmen zeigt.

❑ ❑ ❑ ❍ ❍ ❍ ❑ ❑ ❑

5 **Lukas 9-10** → Wir lesen von Jesu Weisungen an seine Jünger und von den Kennzeichen der Jüngerschaft. **Psalm 117** → Wir lesen dazu diesen kürzesten Lobpsalm.

❑ ❑ ❑ ❍ ❍ ❍ ❑ ❑ ❑

6 **Lukas 11-13** → Wir lesen wie Jesus seine Jünger über das Reich Gottes belehrt, wie er sie auf die kommende Krisenzeit vorbereitet und wie der öffentliche Konflikt beginnt.

❑ ❑ ❑ ❍ ❍ ❍ ❑ ❑ ❑

7 **Lukas 14-16** → Wir lesen von der Verschärfung des Konflikts mit den Pharisäern und Schriftgelehrten.

❑ ❑ ❑ ❍ ❍ ❍ ❑ ❑ ❑

8 **Lukas 17-19** → Wir lesen von der Unterweisung der Jünger und von den Geschehnissen auf dem Weg nach Jerusalem.

9 ❑ ❑ ❑ ❍ ❍ ❍ ❑ ❑ ❑

Lukas 20-22 → Wir lesen von den Konflikten in Jerusalem, der Endzeitrede unseres HERRN und seiner Gefangennahme.

10 ❑ ❑ ❑ ❑ ❍ ❍ ❍ ❍ ❑ ❑ ❑ ❑

Lukas 23 → Wir lesen von der Verurteilung und Kreuzigung unseres HERRN und dazu den **Psalm 31**, aus dem er sein letztes Wort am Kreuz genommen hat. Wir lesen weiter

Lukas 24 von der Auferstehung und Himmelfahrt Jesu und dazu **Psalm 24**, den man durchaus auch, als Himmelfahrtspsalm verstehen könnte.

❑ ❑ ❑ ❍ ❍ ❍ ❑ ❑ ❑

11 In der **Apostelgeschichte** setzt Lukas den Bericht seines Evangeliums fort und zeigt dem Theophilus, wie das Evangelium auch zu ihm gelangt war und wie es die Ausdehnung, Weite und Freiheit gewonnen hat, die es nun kennzeichnet. Lukas zeigt in seinem zweiten Bericht nicht den gesamten Lauf des Evangeliums, sondern er beschreibt vor allem den Übergang vom Judentum über das Judenchristentum zum nichtjüdischen Christentum. Die Apostelgeschichte kann nicht vor dem Jahr 63 n.Chr. abgeschlossen worden sein, denn sie bricht mit der Notiz über die zweijährige Gefangenschaft des Paulus in Rom ab.

Apostelgeschichte 1-2 → Wir lesen vom Warten der Erwählten auf den Heiligen Geist, von dessen Kommen und von der Entstehung der Gemeinde in Jerusalem. Dazu lesen wir den **Psalm 16**, den Petrus in seiner Pfingstpredigt zitiert.

❑ ❑ ❑ ❑ ❍ ❍ ❍ ❍ ❑ ❑ ❑ ❑

12 **Apostelgeschichte 3-4** → Wir lesen von einem Wunder und seinen weitreichenden Folgen. Dazu lesen wir den **Psalm 2**, aus dem die Gläubigen nach der Befreiung von Petrus und Johannes in ihrem Gebet zitierten. - **Apostelgeschichte 5** → Wir lesen weiter von göttlicher Gemeindezucht und der Gefangennahme der Apostel (wahrscheinlich aller zwölf), von ihrer wunderbaren Befreiung und ihrem Zeugnis vor dem Hohen Rat.

❑ ❑ ❑ ❍ ❍ ❍ ❑ ❑ ❑

13 **Apostelgeschichte 6-8** → Wir lesen wie die Verfolgung der Gemeinde zur Ausbreitung des Evangeliums führt.

❑ ❑ ❑ ❍ ❍ ❍ ❑ ❑ ❑

14 **Apostelgeschichte 9-11** → Wir lesen von der Bekehrung des Saulus von Tarsus und dem Beginn der Mission unter Nichtjuden bis hin nach Antiochien.

❑ ❑ ❑ ❍ ❍ ❍ ❑ ❑ ❑

15 **Apostelgeschichte 12-14** → Wir lesen von der Hinrichtung des ersten Apostels Jakobus und von der ersten Missionsreise des Paulus zusammen mit Barnabas.

❑ ❑ ❑ ❍ ❍ ❍ ❑ ❑ ❑

16 **Jakobus**, der Bruder unseres HERRN, schrieb seinen **Brief** an jüdische Christen in der Diaspora. Das geschah vermutlich zu einer Zeit, als die Gemeinde sich noch im Rahmen des Judentums befand, also zwischen 45 und 50 n.Chr. Sein Brief ist voll von praktischen Anweisungen, denn Jakobus beharrt darauf, daß der Glaube Ergebnisse zeigen muß, wenn er echt ist.

Jakobus 1-3 → Wir lesen von der Natur der wahren Religion, der Natur des wahren Glaubens und der Natur der wahren Weisheit.

❑ ❑ ❑ ❍ ❍ ❍ ❑ ❑ ❑

17 Wir lesen zunächst den **Psalm 133**, der von der brüderlichen Eintracht handelt und dann weiter **Jakobus 4-5**. Hier zeigt Jakobus die Natur der wahren Weisheit in verschiedenen Bereichen auf. - Bei der *Salbung mit Öl* sollten wir nicht an die letzte Ölung oder irgend eine Weihehandlung denken. Der Sprachgebrauch legt nahe, daß es dabei um eine gebräuchliche medizinische Erstbehandlung ging, wie es der barmherzige Samariter tat.

❑ ❑ ❑ ❍ ❍ ❍ ❑ ❑ ❑

18 Der **Galaterbrief** ist der älteste der Paulusbriefe. Paulus schrieb ihn um das Jahr 48 n.Chr. am Vorabend des Apostelkonzils in Jerusalem. Er richtete ihn an die Gemeinden Galatiens, die er auf seiner ersten Missionsreise gegründet hatte. Dort waren kurze Zeit später

judenchristliche Lehrer aufgetaucht, die behaupteten, daß das Halten der alttestamentlichen Gesetze zur Errettung nötig wäre. Der ganze Brief ist ein leidenschaftlicher Angriff auf die Verdunkelung des Evangeliums durch das Gesetz. Paulus wollte die Galater vor dieser gefährlichen Gesetzlichkeit warnen und ihr Vertrauen auf das Evangelium, das er ihnen gebracht hatte, stärken.

Galater 1-3 → Wir lesen wie Paulus die christliche Freiheit durch biographische und biblisch-theologische Argumente verteidigt.

❑ ❑ ❑ ❑ ❍ ❍ ❍ ❍ ❑ ❑ ❑ ❑

19 **Galater 4-6** → Wir lesen weiter wie Paulus beweist, daß Christus uns vom Gesetz befreit hat und daß diese Freiheit in der Praxis ausgelebt werden muß. - **Apostelgeschichte 15** Wir lesen von dem sogenannten Apostelkonzil, das im Jahr 49 in Jerusalem stattfand. Hier wird die Lehre des Paulus von den Jerusalemer Autoritäten bestätigt.

❑ ❑ ❑ ❑ ❍ ❍ ❍ ❍ ❑ ❑ ❑ ❑

20 **Matthäus,** der in den anderen Evangelien mit seinem jüdischen Namen Levi genannt wird, war als Zöllner bei seinen Landsleuten verhaßt, weil er praktisch im römischen Staatsdienst stand. Nachdem er vom HERRN in die Nachfolge gerufen worden war, schrieb er das nach ihm benannte Evangelium etwa 20 Jahre nach der Auferstehung des HERRN nieder, vermutlich in Palästina. Sein Evangelium war ursprünglich an Juden und Judenchristen gerichtet, denen gezeigt werden sollte, daß Jesus von Nazareth wirklich der verheißene Messias ist. Es ist darum vor allen anderen Evangelien das Bindeglied zum Alten Testament. Das zeigen die auffällig vielen Zitate. Matthäus geht es besonders um die Lehre Jesu, die er in fünf großen Redeabschnitten überliefert.

Matthäus 1-4 → Wir lesen von der Erfüllung der Weissagungen im Leben Jesu, seiner Bestätigung als Messias und dem Beginn seines Wirkens in Galiläa.

❑ ❑ ❑ ❍ ❍ ❍ ❑ ❑ ❑

21 **Matthäus 5-7** → Wir lesen die großartige Bergpredigt. Diese Predigt zeigt, wie ein Mensch, der in der richtigen Beziehung zu Gott steht, leben soll. Sie ist Maßstab für das, was Gott von seinem Volk erwartet. - Die Ausnahmeklausel in Kapitel 5,32 kann nicht bedeuten, daß *Scheidung* erlaubt sei, wenn einer der Partner gehurt hätte, denn in diesem Fall hätte er gesteinigt werden müssen. Es bezieht sich wahrscheinlich auf vorehelichen Geschlechtsverkehr, was 5Mose 24,1 nahelegt (vgl. Matthäus 1,18f).

❑ ❑ ❑ ❍ ❍ ❍ ❑ ❑ ❑

22 **Matthäus 8-10** → Wir lesen von den Beweisen Jesu für seine Gottheit. Es wird uns seine Macht über Krankheit, Dämonen, Menschen, die Natur, die Sünde, Traditionen, den Tod, Blindheit und Stummheit gezeigt, sowie seine Macht, Diener auszusenden. - In Kapitel 10,28 ist nicht Satan gemeint, der *zu fürchten* wäre, sondern Gott.

❑ ❑ ❑ ❍ ❍ ❍ ❑ ❑ ❑

23 **Matthäus 11-13** → Wir lesen von der Art und Bedeutung seiner Mission, die er den Jüngern des Täufers, einigen unbußfertigen Städten, den Pharisäern und Schriftgelehrten und selbst seinen Verwandten gegenüber deutlich machen muß. Anschließend stellt er in acht Gleichnissen der Volksmenge und seinen Jüngern das ganz andere Gottesreich dar. - Die sogenannte *unvergebbare Sünde* in 12,31 meint eine bewußte, wider besseres Wissen erfolgte absichtliche bösartige Lästerung des Heiligen Geistes. Diese Lästerung kann von Menschen, die ängstlich fragen, ob sie sich dessen schuldig gemacht haben, grundsätzlich nicht begangen werden.

❑ ❑ ❑ ❍ ❍ ❍ ❑ ❑ ❑

24 **Matthäus 14-16** → Wir lesen vom Tod Johannes des Täufers und von weiteren Lehren und Wundern des HERRN. - 16,18: *Der Fels*, auf den der HERR seine Gemeinde baut, ist nicht Petrus, sondern Christus, wie Petrus später selbst andeutet (1Petrus 2,4-8).

❑ ❑ ❑ ❍ ❍ ❍ ❑ ❑ ❑

25 **Matthäus 17-19** → Wir lesen von der Verklärung des HERRN und seinen Weisungen an seine Jünger. - Zur Problematik der Scheidungsklausel, die sich auffälligerweise nur bei Matthäus und nirgends sonst im Neuen Testament findet siehe die Anm. zu Matthäus 5,32.

❑ ❑ ❑ ❍ ❍ ❍ ❑ ❑ ❑

26 **Matthäus 20-22** → Wir lesen wie der HERR auf sein Leiden in Jerusalem zugeht und von seiner Auseinandersetzung mit den Pharisäern.

❑ ❑ ❑ ❍ ❍ ❍ ❑ ❑ ❑

27 **Matthäus 23-25** → Wir lesen die Gerichtsankündigung gegen die Pharisäer und Schriftgelehrten, und die Endzeitreden des HERRN.

❑ ❑ ❑ ❍ ❍ ❍ ❑ ❑ ❑

28 **Matthäus 26-28** → Wir lesen vom Leiden, Sterben und Auferstehen des HERRN und von seinem großen Missionsbefehl. - Manchmal wird behauptet, daß dieser Missionsbefehl den Gläubigen nicht direkt gelten würde. Man vergleiche dazu aber Lukas 24,47; Apostelgeschichte 15,14-17; Römer 1,5 und 16,26.

❑ ❑ ❑ ❍ ❍ ❍ ❑ ❑ ❑

29 **Apostelgeschichte 16-18** → Wir lesen von der zweiten Missionsreise des Paulus und der Entstehung der Gemeinden in Philippi, Thessalonich, Beröa, Athen und Korinth.

Im Jahr 51 war Paulus nach Thessalonich gekommen und hatte dort die Gemeinde gegründet. Doch bald mußte er die Stadt verlassen und reiste über Beröa und Athen nach Korinth. Timotheus, den er nach Thessalonich zurückgeschickt hatte, traf in Korinth wieder mit ihm zusammen und berichtete, was aus der kleinen Gemeinde geworden war. Als Antwort schrieb Paulus den **ersten Thessalonicherbrief**. Trotz dieses Briefes blieben für die Thessalonicher noch manche Fragen nach der Wiederkunft des HERRN offen, die Paulus mit großer seelsorgerlicher Weisheit in dem nur wenige Monate später geschriebenen **zweiten Thessalonicherbrief** beantwortete.

❑ ❑ ❑ ❑ ❑ ❍ ❍ ❍ ❍ ❍ ❑ ❑ ❑ ❑ ❑

30 **1Thessalonicher 1-5** → Wir lesen von der tiefen Dankbarkeit, die Paulus für die Thessalonicher empfand, wenn er auf die kurze Zeit seines Wirkens unter ihnen zurückblickte, und von seinen Ermahnungen und Belehrungen über die Wiederkunft des HERRN.

❑ ❑ ❑ ❍ ❍ ❍ ❑ ❑ ❑

31 **2Thessalonicher 1-3** → Wir lesen vom Beten des Apostels für die Thessalonicher, von seiner Aufklärung über die Ereignisse beim Kommen des HERRN und von seinen Ermahnungen zu einem dementsprechenden Wandel.

Buch	Schlüsselwort	Schlüsselvers
Lukas	Menschensohn	19,10
Apostelgeschichte	Aposteltaten	1,8
Jakobus	Werke	2,26
Galater	Glauben	2,19-20
Matthäus	Messiaskönig	27,37
1Thessalonicher	Wiederkunft	4,16-17
2Thessalonicher	Tag des Herrn	2,2

November

❑ ❑ ❑ ❍ ❍ ❍ ❑ ❑ ❑

1 Die Gemeinde in Korinth war durch den 18monatigen Dienst des Paulus in der Stadt entstanden. Paulus war von dort weiter nach Jerusalem und Antiochien gereist und befand sich nun auf seiner dritten Missionsreise in Ephesus, wo er ebenfalls eine Missionsarbeit begann. Von dort aus schrieb er einen ersten Brief nach Korinth, der aber nicht viel ausrichtete (1Korinther 5,9). Diese schlechte Nachricht erhielt er im Winter des Jahres 55 durch den Besuch einiger Geschwister aus Korinth, die auch einen Brief mitbrachten. Daraufhin schrieb Paulus unseren **ersten Korintherbrief**.

1Korinther 1-3 → Wir lesen die Antworten des Apostels auf den Bericht der „Leute der Chloe" über den Streit verschiedener Gruppen in der Gemeinde.

❑ ❑ ❑ ❍ ❍ ❍ ❑ ❑ ❑

2 **1Korinther 4-6** → Wir lesen wie Paulus sein Wirken verteidigt, wie er Unmoral und Streitereien vor Gericht kritisiert und deutlich vor Unzucht warnt.

❑ ❑ ❑ ❍ ❍ ❍ ❑ ❑ ❑

3 **1Korinther 7-9** → Wir lesen von den Antworten des Paulus auf die schriftlichen Fragen der Korinther nach Ehe und Jungfrauenschaft, und nach dem Götzenopferfleisch. Diese letzte Frage bewertet Paulus zunächst von den Götzen her und dann von der Freiheit her, wobei er konkret auf die Freiheit eines Apostels eingeht.

❑ ❑ ❑ ❍ ❍ ❍ ❑ ❑ ❑

4 **1Korinther 10-11** → Wir lesen wie Paulus die Frage nach dem Götzenopferfleisch weiter vom Verhältnis zu Gott und vom Verhältnis zu anderen bewertet. Weiter lesen wir, wie Paulus zum rechten Verhalten beim Gebet und beim Brotbrechen ermahnt. - Dazu lesen wir die Bitte um Bewahrung vor Verführung: **Psalm 141.**

❑ ❑ ❑ ❍ ❍ ❍ ❑ ❑ ❑

5 **1Korinther 12-14** → Wir lesen von den geistlichen Gaben und ihrem Einsatz in der Gemeinde.

❑ ❑ ❑ ❍ ❍ ❍ ❑ ❑ ❑

6 **1Korinther 15-16** → Wir lesen das großartige Kapitel von unserer Auferstehunghoffnung und die verschiedenen Mitteilungen des Paulus im letzten Kapitel des Briefes. - **Apostelgeschichte 19** → Wir lesen von dem mehr als zweijährigen Wirken des Paulus in Ephesus.

❑ ❑ ❑ ❍ ❍ ❍ ❑ ❑ ❑

7 Nachdem Paulus von Ephesus Richtung Mazedonien abgereist war, traf er endlich seinen Mitarbeiter Titus, den er vorher mit einem harten Brief, dem sogenannten »Tränenbrief« (2Korinther 2,14) nach Korinth geschickt hatte. Titus brachte aber gute Nachrichten, die Paulus zu dem **zweiten Korintherbrief** veranlaßten. In diesem sehr persönlichen Brief verteidigt er seine apostolische Autorität. Es wird deutlich, welch hohen Preis er für die Missionsarbeit zu zahlen bereit ist.

2Korinther 1-3 → Wir lesen wie Paulus sein persönliches Verhalten erläutert und die Art seines Wirkens verteidigt.

❑ ❑ ❑ ❍ ❍ ❍ ❑ ❑ ❑

8 **2Korinther 4-6** → Wir lesen weiter wie Paulus sein Wirken verteidigt: Er schreibt von seiner Ehrlichkeit und Beharrlichkeit, von Sehnsucht, Eifer und Bewährung.

❑ ❑ ❑ ❍ ❍ ❍ ❑ ❑ ❑

9 **2Korinther 7-9** → Wir lesen den Kommentar des Paulus über die Wirkung seines »Tränenbriefes« und die beiden Kapitel über die Gnade des Gebens.

❑ ❑ ❑ ❑ ❍ ❍ ❍ ❍ ❑ ❑ ❑ ❑

10 **2Korinther 10-13** → Wir lesen von der persönlichen Verteidigung des Paulus und der Vorbereitung seines dritten Besuchs in Korinth.

❑ ❑ ❑ ❑ ❍ ❍ ❍ ❍ ❑ ❑ ❑ ❑

11 Paulus konnte seine Reise nun ohne Furcht fortsetzen und traf im Spätherbst 56 in Korinth ein. Dort verweilte er drei Monate und diktierte seinen Brief an die Gemeinde in Rom. Er wollte die Geschwister dort für eine Missionsarbeit in Spanien gewinnen. Weil sie ihn aber noch nicht kannten, stellte er ihnen seine Lehre vor. Der **Römerbrief** ist die ausführlichste Darstellung der Grundlagen des Christentums im Neuen Testament.

Römer 1-3 → Wir lesen davon, daß die Heiden gesündigt haben, die Juden, die sich besser dünkten, aber auch, daß also alle Menschen schuldig sind, durch den Glauben aber gerechtfertigt werden können. **Psalm 14** → Wir lesen den Psalm, den Paulus im 3. Kapitel zitiert.

❑ ❑ ❑ ❍ ❍ ❍ ❑ ❑ ❑

12 **Römer 4-5** → Wir lesen von einem Beispiel der Glaubensgerechtigkeit aus dem Alten Testament und von dem Erreichen der Gerechtigkeit durch Christus. Dazu lesen wir den **Psalm 32**, der vom Glück dessen spricht, dem die Sünden vergeben sind.

❑ ❑ ❑ ❍ ❍ ❍ ❑ ❑ ❑

13 **Römer 6-8** → Wir lesen von der Macht der Sünde und ihrer Überwindung, von der Macht des Gesetzes und seiner Überwindung und vom Gesetz des Geistes des Lebens in Christus.

❑ ❑ ❑ ❑ ❍ ❍ ❍ ❍ ❑ ❑ ❑ ❑

14 **Römer 9-11** → Wir lesen von der Gerechtigkeit Gottes, die sich in seiner Erwählung offenbart, von der Wahl Israels, von der Rettung Israels und dem Versagen Israels. **Psalm 19** → Wir lesen dazu das Lied, das Gott für seine Schöpfung und sein Gesetz preist.

❑ ❑ ❑ ❍ ❍ ❍ ❑ ❑ ❑

15 **Römer 12-14** → Wir lesen von der Anwendung der Gerechtigkeit im persönlichen, politischen, öffentlichen und gemeindlichen Leben.

❑ ❑ ❑ ❍ ❍ ❍ ❑ ❑ ❑

16 **Psalm 69** → Wir lesen zuerst den Psalm, aus dem Paulus am Anfang des 15. Kapitels zitiert. - **Römer 15-16** → Wir lesen weiter vom Umgang miteinander, von den Plänen des Apostels und ein ganzes Kapitel mit Grüßen.

❑ ❑ ❑ ❍ ❍ ❍ ❑ ❑ ❑

17 **Apostelgeschichte 20-22** → Wir lesen von dem dreimonatigen Aufenthalt des Paulus in Griechenland, wo der Römerbrief entstand, und seiner Weiterreise über Troas, Milet, Ephesus bis nach Jerusalem. Dort geriet er in Gefahr, von den Juden gelyncht zu werden und wurde deshalb von den Römern in Schutzhaft genommen.

❑ ❑ ❑ ❍ ❍ ❍ ❑ ❑ ❑

18 **Apostelgeschichte 23-25** → Wir lesen wie Paulus sich auf sein römisches Bürgerrecht berief und nach Cäsarea gebracht wurde, wie er sich vor Felix und Festus verteidigte und schließlich auf den Kaiser berief.

❑ ❑ ❑ ❍ ❍ ❍ ❑ ❑ ❑

19 **Apostelgeschichte 26-28** → Wir lesen von der Rede des Paulus vor Festus und Agrippa, von seiner turbulenten Reise als Gefangener nach Rom und von der relativen Freiheit, die er dort genoß.

❑ ❑ ❑ ❍ ❍ ❍ ❑ ❑ ❑

20 Vielleicht noch vor dem Eintreffen des gefangenen Paulus in Rom schrieb **Markus** dort sein **Evangelium** nach den Predigten des Petrus auf. In einem sehr lebendigen und anschaulichen Bericht zeigt er Jesus als den Messias der Tat, der durch sein Handeln die Menschen von seiner Gottessohnschaft überzeugt.

Markus 1-3 → Wir lesen eine kurze Vorgeschichte und dann die Beschreibung vom Wirken des HERRN in Galiläa. Es kommt schon zu einem ersten Widerstand gegen sein Tun und es wird deutlich, daß die, die den Willen Gottes tun, ihm wichtiger sind, als seine Verwandten.

❑ ❑ ❑ ❍ ❍ ❍ ❑ ❑ ❑

21 **Markus 4-6** → Wir lesen von Jesu Gleichnissen, seinen Machttaten, seiner Verwerfung in Nazareth und vom Tod Johannes, des Täufers, in dem sich schon sein eigenes Sterben ankündigt.

❑ ❑ ❑ ❍ ❍ ❍ ❑ ❑ ❑

22 **Markus 7-9** → Wir lesen von der Auseinandersetzung des HERRN mit den Pharisäern über ihre Traditionen und seinem Rückzug in die nördlichen Gebiete. Dort kündigte er den Jüngern sein Leiden an. Auch das Geschehen auf dem Berg der Verklärung erinnert an die kommende Passion. Kurze Zeit später, in Galiläa, kündigt er ihnen erneut sein Leiden an.

❑ ❑ ❑ ❍ ❍ ❍ ❑ ❑ ❑

23 **Markus 10-11** → Wir lesen vom Weg des HERRN nach Jerusalem. Er belehrt seine Jünger und kündigt zum dritten Mal sein Leiden an. Dann zieht er wie ein König in Jerusalem ein und wir lesen von seiner Lehrtätigkeit dort. **Psalm 110** → Wir lesen den Psalm vom König- und Priestertum des HERRN.

❑ ❑ ❑ ❍ ❍ ❍ ❑ ❑ ❑

24 **Markus 12-13** → Wir lesen von den Gesprächen des HERRN in Jerusalem und seine Endzeitrede. **Psalm 104** → Wir lesen dieses Loblied auf den, der alles geschaffen hat und alles in seiner Hand hält.

❑ ❑ ❑ ❍ ❍ ❍ ❑ ❑ ❑

25 **Markus 14-15** → Wir lesen die Geschichte vom Leiden und Sterben unseres HERRN und dazu den **Psalm 22**, in dem diese Geschehnisse schon 1000 Jahre vor Christus geweissagt werden.

❑ ❑ ❑ ❍ ❍ ❍ ❑ ❑ ❑

26 **Markus 16** → Wir lesen von der Auferstehung unseres HERRN.

Von diesen Geschehnissen hatte Petrus wiederholt in Rom gesprochen, dann aber die Stadt wieder verlassen. Kurze Zeit später wurde Paulus als Gefangener nach Rom gebracht. Bald darauf wurde er von Epaphras, dem Gründer der Gemeinde in Kolossä aufgesucht, der auch eine Zeitlang sein Mitgefangener war. Epaphras wird ihm die Situation in Kolossä geschildert haben, wodurch sich Paulus zu seinem **Kolosserbief** veranlaßt sah. Paulus stellte den Kolossern besonders die absolute Vorrangstellung des auferstandenen Christus dar.

Kolosser 1-2 → Wir lesen, daß Christus in jeder Hinsicht an erster Stelle steht, sowohl in den persönlichen Verhältnissen, als auch in der Lehre.

❑ ❑ ❑ ❍ ❍ ❍ ❑ ❑ ❑

27 **Kolosser 3-4** → Wir lesen, daß Christus auch in unserem Verhalten an erster Stelle stehen soll.

Inzwischen war Paulus mit einem entlaufenen Sklaven in Kontakt gekommen. Er hatte sich bekehrt und Paulus wollte ihn wieder zu seinem HERRN, einem der verantwortlichen Brüder in der Gemeinde in Kolossä, zurückschicken. Aus diesem Grund schrieb Paulus den **Philemonbrief**. → Wir lesen diesen kleinen Brief, der jedoch voller seelsorgerlicher Weisheit ist.

❑ ❑ ❑ ❍ ❍ ❍ ❑ ❑ ❑

28 Weil Tychikus, einer der Mitarbeiter des Paulus, bereit war, den Kolosserbrief und den Sklaven Onesimus mit nach Kleinasien zu nehmen, schrieb Paulus gleich noch einen Brief, den er in Ephesus abgeben sollte. Der **Epheserbrief** ist offenbar als Rundbrief für die kleinasiatischen Gemeinden gedacht und behandelt die Herrlichkeit der Gemeinde Jesu.

Epheser 1-3 → Wir lesen von den Dingen, die uns in Christus geschenkt sind und von der Offenbarung, die Paulus gegeben wurde, daß nämlich die gläubigen Heiden zusammen mit den gläubigen Juden eine Gemeinde bilden würden.

❑ ❑ ❑ ❍ ❍ ❍ ❑ ❑ ❑

29 **Epheser 4-6** → Wir lesen von der Praxis der Einheit in der Gemeinde, vom rechten Verhalten der Gläubigen und vom Kampf der Gemeinde.

❑ ❑ ❑ ❍ ❍ ❍ ❑ ❑ ❑

30 Als die Christen in Philippi von der Gefangenschaft des Paulus in Rom gehört hatten, schickten sie Epaphroditus mit einer Geldspende zu ihm. Der erkrankte in Rom so schwer, daß man um sein Leben fürchten mußte. Nach seiner Genesung kehrte er nach Hause zurück und nahm den Dankesbrief des Paulus an die Gemeinde mit. Paulus war sehr mit den Philippern verbunden und schrieb voller Freude, Vertrauen und Hoffnung seinen **Philipperbrief**.

Philipper 1-4 → Wir lesen wie Paulus die Philipper zu einem christlichen Lebenswandel ermutigt, wie er ihnen Beispiele dafür zeigt, wie er sie direkt dazu ermahnt und ihnen schließlich deutlich macht, daß sie dazu fähig sind.

Buch	Schlüsselwort	Schlüsselvers
1Korinther	Wandel	3,3
2Korinther	Dienst	6,4
Römer	Gerechtigkeit	1,16-17
Markus	Handeln	10,45
Kolosser	Haupt	1,17-18
Philemon	Annehmen	1,12
Epheser	Gemeinde	1,23
Philipper	Gesinnung	2,5

Dezember

❑ ❑ ❑ ❑ ❍ ❍ ❍ ❍ ❑ ❑ ❑ ❑

1 Wenn man annimmt, daß Paulus nach zwei Jahren Hausarrest in Rom freigesprochen wurde, dann hat er anschließend seine Reisetätigkeit wieder aufgenommen. Er reiste über Kreta nach Kleinasien. In Ephesus traf er wieder mit Timotheus zusammen. Anschließend reiste er nach Mazedonien weiter und schrieb von dort aus einen **ersten Brief an Timotheus**. Darin gibt er ihm Ratschläge für seinen Dienst in Ephesus.

1Timotheus 1-3 → Wir lesen von dem Gebot, das Timotheus anvertraut worden ist, vom öffentlichen Gebet und vom geistlichen Haus. Er schließt mit einem Lobpreis des HERRN. Wir lesen noch einen alttestamentlichen Lobpreis dazu. **Psalm 103** ist wohl der freudigste aller Psalmen.

❑ ❑ ❑ ❍ ❍ ❍ ❑ ❑ ❑

2 **1Timotheus 4-6** → Wir lesen von den Anforderungen an einen guten Lehrer, bekommen Ratschläge über den richtigen Umgang mit verschiedenen Gruppen in der Gemeinde und lesen von dem guten Kampf, der zu kämpfen ist.

❑ ❑ ❑ ❍ ❍ ❍ ❑ ❑ ❑

3 Kurze Zeit später schrieb Paulus seinen **Brief an Titus**, den er in Kreta zurückgelassen hatte, um den Aufbau der Gemeinden dort zu vollenden und bat ihn, nach Nikopolis zu kommen. Paulus gab seinem Mitarbeiter Ratschläge für die schwierigen Probleme in den Gemeinden auf Kreta und versprach ihm, Tychikus nach Kreta zu schicken.

Titus 1-3 → Wir lesen von gesunder Lehre, daß sie eine gute Führung voraussetzt, daß sie den verschiedenen Gruppen in der Gemeinde weitergegeben werden muß und daß sie Auswirkungen auf unser Verhalten in der Welt und untereinander hat.

❑ ❑ ❑ ❍ ❍ ❍ ❑ ❑ ❑

4 Es ist möglich, daß Paulus zusammen mit Titus jetzt nach Spanien reiste. Dann wäre er nach seiner Rückkehr noch einmal mit Timotheus in Ephesus zusammengetroffen. Nachdem er in Troas bei Karpus überwintert hatte, reiste er über Mazedonien und Achaja nach Korinth. Irgendwo wurde er plötzlich verhaftet und wieder nach Rom gebracht. Von dort aus schrieb er den **zweiten Timotheusbrief**. Er ahnte, daß er nicht mehr lange zu leben hatte und wollte Timotheus für die schwierige Aufgabe stärken, die auf ihn wartete. Timotheus sollte so schnell er konnte, zu ihm nach Rom kommen.

2Timotheus 1-2 → Wir lesen Ermahnungen zu einem furchtlosen Bekenntnis, Ermunterungen zur Treue im Kampf des Glaubens und Warnungen vor Streitereien und Irrlehren. Dazu lesen wir das Gebet aus **Psalm 143.**

❑ ❑ ❑ ❍ ❍ ❍ ❑ ❑ ❑

5 **2Timotheus 3-4** → Wir lesen von den wenig erfreulichen Aussichten für die Endzeit und werden ermuntert, in aller Treue am Wort Gottes festzuhalten und standhaft in der Verkündigung zu sein. Ob Paulus so gebetet hat, wie in **Psalm 70** beschrieben, wissen wir nicht. Lesen wir aber die Bitte eines Verfolgten.

❑ ❑ ❑ ❍ ❍ ❍ ❑ ❑ ❑

6 Um diese Zeit wird **Petrus** seinen **ersten Brief** geschrieben haben. Er schickte diesen Rundbrief an die Gemeinden im nördlichen Kleinasien, die aus Juden- und Heidenchristen zusammengesetzt waren. In Rom war der große Brand ausgebrochen, der eine erste Christenverfolgung ausgelöst hatte. Die Gläubigen in den römischen Provinzen fragten sich nun, was da auf sie zukommen würde und wie sie sich verhalten sollten.

1Petrus 1-2 → Wir lesen von der Wiedergeburt und dem daraus folgenden heiligen Wandel und von der Haltung der Erretteten gegenüber der Welt, dem Staat und dem eigenen Haushalt. Petrus stellt uns dabei das Vorbild des

HERRN vor Augen. Wir lesen dazu **Psalm 129**, der schon das Leiden des HERRN andeutet.

❑ ❑ ❑ ❍ ❍ ❍ ❑ ❑ ❑

7 **1Petrus 3-5** → Wir lesen von der Zuversicht der Erretteten und ihrem heiligen Wandel in Verfolgungen und von ihrem Auftrag und Dienst im Leiden.

❑ ❑ ❑ ❑ ❍ ❍ ❍ ❍ ❑ ❑ ❑ ❑

8 Kurz vor seinem Martyrium schrieb **Petrus** seinen **zweiten Brief** an die gleichen Gemeinden, die auch seinen ersten Brief bekommen hatten. In der Zwischenzeit war deutlich geworden, daß den Gemeinden weniger von außen, als vielmehr von innen Gefahr drohte. Es war die Gefahr von Zweifel und Irrtum, der sich Petrus jetzt entgegenstellte.

2Petrus 1-3 → Wir lesen von der Art der wahren Erkenntnis, von der Gefahr der Preisgabe der Erkenntnis und von der Hoffnung auf die wahre Erkenntnis bei der Wiederkunft des HERRN. **Psalm 148** → Wir lesen wie die ganze Schöpfung den HERRN loben soll.

❑ ❑ ❑ ❑ ❍ ❍ ❍ ❍ ❑ ❑ ❑ ❑

9 Der **Hebräerbrief** wurde geschrieben, um Christen, die aus jüdischem Hintergrund kamen und mit dem Alten Testament und seinem Opfersystem vertraut waren zu zeigen, daß Gott dabei war, etwas Neues zu tun und sie sich nicht zurückziehen durften, sondern mit ihm im Glauben weitergehen müßten. Den Verfasser und den Entstehungsort des Briefes kennen wir zwar nicht, aber die Inspiration des Briefes, der um das Jahr 68 entstanden ist, ist unbestreitbar.

Hebräer 1-3 → Wir lesen von der Erhabenheit des Sohnes Gottes, der viel höher steht, als alle Engel. Deshalb sollen wir auf ihn hören und ihn betrachten. **Psalm 8** → Wir lesen den Psalm, der in Kapitel 2 zitiert wird.

❑ ❑ ❑ ❑ ❍ ❍ ❍ ❍ ❑ ❑ ❑ ❑

10 **Hebräer 4-6** → Wir lesen von der Sabbatruhe des Gottesvolkes, daß wir eifern sollen, da hinein zu kommen und daß wir das Bekenntnis zu unserem Hohenpriester festhalten sollen. Wir lesen aber auch von der Gefahr geistlicher Unreife. - Die Aussagen in Kapitel 6,4ff haben immer wieder Anlaß zu Diskussionen darüber gegeben, ob ein *Wiedergeborener verloren gehen* könne. Gesagt ist aber nur, daß es bei (ursprünglich jüdischen) Menschen, die die Segnungen des Evangeliums und das Wirken des Heiligen Geistes an sich erfahren haben (wahrscheinlich in der Form, daß der Geist ihnen Christus offenbarte) und sich dann doch bewußt von ihm abwandten, nicht möglich ist, wieder ganz von vorn anzufangen und den Grund für eine Buße zu legen. Denn diese Buße hatten sie offenbar immer verweigert. **Psalm 95** → Wir lesen dieses Loblied, in dem aber auch gewarnt wird, das Herz nicht zu verhärten.

❑ ❑ ❑ ❍ ❍ ❍ ❑ ❑ ❑

11 **Hebräer 7-9** → Wir lesen von unserem HERRN, dessen Hohenpriestertum dem von Melchisedek entspricht, dessen Amt das eines Mittlers für einen besseren Bund, nämlich den neuen Bund, ist.

❑ ❑ ❑ ❍ ❍ ❍ ❑ ❑ ❑

12 **Hebräer 10-11** → Wir lesen von dem Gesetz, das im Gegensatz zu Christus nie vollkommen machen kann, von der Zuversicht, die wir haben, in die Gegenwart Gottes zu treten und von den Glaubenshelden des Alten Testaments. - Das *mutwillige Sündigen* in Kapitel 10 meint offenbar die bewußte Abkehr von der Wahrheit, obwohl man sie als Wahrheit erkannt hat. Für solche Sünde gibt es kein Opfer mehr, denn das einzige gültige Opfer des Herrn Jesus wurde ja verworfen und die alttestamentlichen Opfer sind hinfällig. Die Menschen, von denen hier die Rede ist, lebten zwar im Umfeld der Gemeinde, hatten sich aber noch nicht bekehrt. **Psalm 40** → Wir lesen den Psalm, den der Verfasser des Hebräerbriefes zitiert.

❑ ❑ ❑ ❍ ❍ ❍ ❑ ❑ ❑

13 **Hebräer 12-13** → Wir lesen von der Praxis des Glaubens im Vorbild des HERRN, in der Heiligung, die auf das Ziel des Glaubens ausgerichtet ist, und sich auch in sozialen und geistlichen Beziehungen auswirkt.

Um das Jahr 80, einige Jahre nach dem 2. Petrusbrief schrieb Judas, der Bruder des HERRN einen Brief, der wahrscheinlich an Judenchristen im Umfeld von Palästina gerichtet war. Der **Judasbrief** will seine Leser ermahnen, für den ein für allemal überlieferten Glauben zu kämpfen, weil sich in die Reihen der Christen schon Männer eingeschlichen hatten, die Gottes Gnade in Ausschweifung verkehrten.

Judas 1,1-25 → Wir lesen von der Ankündigung des Gerichts, dem Appell an historische Vorläufer, der Bestrafung abtrünniger Lehrer und Ratschlägen für die Gläubigen.

❑ ❑ ❑ ❍ ❍ ❍ ❑ ❑ ❑

14 Einige Jahre später verfaßte Johannes, der Jünger, „den Jesus lieb hatte", als letzter der vier Evangelisten sein Evangelium, wahrscheinlich in der Stadt Ephesus. Das **Johannesevangelium** ergänzt die anderen Berichte, legt aber den Schwerpunkt auf den Sinn der sorgfältig ausgewählten Ereignisse. Johannes zeigt den HERRN als den Sohn Gottes von Ewigkeit her. Er schrieb sein Evangelium, damit seine Leser glaubten, daß Jesus wirklich der Christus ist, der Sohn Gottes, und sie durch den Glauben an seinen Namen das Leben besitzen.

Johannes 1-3 → Wir lesen vom Zeugnis des Täufers, daß Jesus der Sohn Gottes ist, von den ersten Taten des HERRN, seinem Gespräch mit Nikodemus und einem weiteren Zeugnis des Täufers über ihn.

❑ ❑ ❑ ❍ ❍ ❍ ❑ ❑ ❑

15 **Johannes 4-5** → Wir lesen von dem Gespräch mit der Samariterin und dessen Folgen, von einer Heilung in Galiläa und einer in Jerusalem, worauf es zu

einer ersten Auseinandersetzung mit den Juden kommt. **Psalm 136** → Wir lesen das Lied von der ewig währenden Gnade.

❑ ❑ ❑ ❍ ❍ ❍ ❑ ❑ ❑

16 **Johannes 6-7** → Wir lesen von den Zeichen und Reden des HERRN in Galiläa und den Ereignissen auf dem Laubhüttenfest in Jerusalem. **Psalm 77** → Wir lesen das Lied Asaphs, der sich entschlossen hatte, über das Tun Gottes nachzudenken.

❑ ❑ ❑ ❍ ❍ ❍ ❑ ❑ ❑

17 **Johannes 8-9** → Wir lesen von den Konflikten mit den Schriftgelehrten und Pharisäern durch die Ehebrecherin, durch die Worte des HERRN und durch die Heilung des Blindgeborenen. **Psalm 4** → Wir lesen das Lied Davids, der die Hilfe des HERRN in Bedrängnis erlebt.

❑ ❑ ❑ ❍ ❍ ❍ ❑ ❑ ❑

18 **Johannes 10-12** → Wir lesen vom guten Hirten, von der Auferweckung des Lazarus und vom Abschluß des öffentlichen Wirkens des HERRN.

❑ ❑ ❑ ❑ ❍ ❍ ❍ ❍ ❑ ❑ ❑ ❑

19 **Johannes 13-15** → Der HERR spricht mit seinen Jüngern über sein und auch ihr bevorstehendes Leiden und über ihre künftige Verbindung mit ihm durch den Geist Gottes. **Psalm 35** → Dazu lesen wir das Lied Davids, das ebenfalls von Verfolgungen spricht.

❑ ❑ ❑ ❍ ❍ ❍ ❑ ❑ ❑

20 **Johannes 16-18** → Wir lesen, wie der HERR den Heiligen Geiste ankündigt und wie er für uns betet. Dann lesen wir von seiner Gefangennahme und dem Verhör.

❑ ❑ ❑ ❍ ❍ ❍ ❑ ❑ ❑

21 **Johannes 19-21** → Wir lesen von der Verurteilung des HERRN, seinem Tod, seiner Auferstehung und der Begegnung mit seinen Jüngern am See.

❑ ❑ ❑ ❍ ❍ ❍ ❑ ❑ ❑

22 Nur wenige Jahre nach dem Evangelium schrieb **Johannes** seinen **ersten Brief** an die gleichen Empfänger. Nachdem er durch das Evangelium ihren Glauben geweckt hatte, wollte er ihnen nun durch den Brief zur Glaubensgewißheit helfen. Außerdem standen viele in Gefahr, das Gedankengut der damaligen Philosophie mit ihrem Glauben zu vermischen.

1Johannes 1-3 → Wir lesen von der Gewißheit durch das Wandeln im Licht und der Gewißheit, die durch das Bleiben in der Liebe geschenkt wird. Dazu lesen wir den **Psalm 30**, der Erfahrungen Davids mit seinem Gott beschreibt.

❑ ❑ ❑ ❑ ❍ ❍ ❍ ❍ ❑ ❑ ❑ ❑

23 **1Johannes 4-5** → Wir lesen von dem Beweis der Wahrheit und der Liebe und von der Gewißheit durch die Ausübung des Glaubens.

Der **zweite und der dritte Johannesbrief** sind vielleicht als Begleitbriefe zu dem ersten geschrieben worden: der eine an die Gemeinde unter der Adresse der „auserwählten Herrin“ und der andere an den Seelsorger Gajus.

2Johannes und 3Johannes Wir lesen von der Praxis und dem Schutz der Wahrheit, von der Ermutigung der Arbeiter und dem Tadel für die Widersacher der Wahrheit.

❑ ❑ ❑ ❍ ❍ ❍ ❑ ❑ ❑

24 Noch im hohen Alter wurde der Apostel Johannes auf die Insel Patmos verbannt. Dort wurde ihm die **Offenbarung** geschenkt, ein prophetisches Schreiben, das an die sieben Gemeinden in Kleinasien gerichtet ist, die in Kapitel 2 und 3 genannt werden. Johannes will die Gläubigen in ihrem Leiden ermutigen und in ihrer Zuversicht auf den wiederkommenden HERRN, der seine Gerechtigkeit gerade auch in seinen Gerichten beweisen wird, stärken. In dem letzten Buch der Bibel wird deutlich: Gott ist der Herr der Geschichte und ihm gebührt alle Anbetung.

Offenbarung 1-3 → Wir lesen wie der auferstandene HERR sich dem Johannes offenbart und ihm den Auftrag gibt, die Offenbarung zu schreiben. Dann lesen wir die Botschaften an die sieben Gemeinden.

❑ ❑ ❑ ❑ ❍ ❍ ❍ ❍ ❑ ❑ ❑ ❑

25 **Offenbarung 4-7** → Wir lesen vom Thron Gottes und der Anbetung des Lammes, von der Öffnung der ersten sechs Siegel und von der großen Schar der Erlösten, die Gott und das Lamm anbeten.

❑ ❑ ❑ ❍ ❍ ❍ ❑ ❑ ❑

26 **Offenbarung 8-10** → Wir lesen von der Öffnung des siebenten Siegels, worauf die durch Posaunen angekündigten sieben Gerichte begannen. Dennoch taten die Menschen nicht Buße. Dann lesen wir von dem starken Engel mit dem Büchlein, das Johannes essen soll.

❑ ❑ ❑ ❍ ❍ ❍ ❑ ❑ ❑

27 **Offenbarung 11-13** → Wir lesen von den zwei Zeugen und der Ankündigung der Vollendung, von der Frau, die von dem Drachen verfolgt und ihrem Kind, das zu Gott entrückt wird, und von dem Tier aus dem Meer und dem aus der Erde.

❑ ❑ ❑ ❑ ❍ ❍ ❍ ❍ ❑ ❑ ❑ ❑

28 **Offenbarung 14-16** → Wir lesen vom Lamm und den 144000, der Ernte auf der Erde und von den sieben Zornesschalen. **Psalm 98** → Wir lesen dazu dieses Loblied vom HERRN, der seine Gerechtigkeit offenbart hat.

❑ ❑ ❑ ❑ ❍ ❍ ❍ ❍ ❑ ❑ ❑ ❑

29 **Offenbarung 17-19** → Wir lesen von der Ausgießung der Zornesschalen, von der Hure Babylon und dem Untergang Babylons und dann im Gegensatz dazu von der Braut des Lammes und dem neuen Jerusalem. **Psalm 147** → Wir lesen das Lob Gottes, der Jerusalem aufbaut.

❑ ❑ ❑ ❑ ❍ ❍ ❍ ❍ ❑ ❑ ❑ ❑

30 **Offenbarung 20-22** → Wir lesen vom Tausendjährigen Reich und von dem neuen Himmel und der neuen Erde. **Psalm 150** → Wir lesen wie Gott in seinem Heiligtum gelobt werden soll.

❑ ❍ ❑

31 **Psalm 119** → Als Abschluß der Bibel lesen wir die 22 Strophen vom Wort Gottes, die nach den Buchstaben des hebräischen Alphabets geordnet sind. Es ist empfehlenswert, sie über den ganzen Tag verteilt zu lesen, damit sich uns die Bedeutung des wunderbaren Wortes Gottes tief einprägt.

Buch	Schlüsselwort	Schlüsselvers
1Timotheus	Gemeindeordnung	3,15
Titus	Gesunde Lehre	1,9
2Timotheus	Soldat Christi	2,3
1Petrus	Leiden	4,14
2Petrus	Erinnern	3,1-2
Hebräer	Besser	8,6
Judas	Kampf	1,3
Johannes	Zeichen	20,30-31
1Johannes	Heilsgewißheit	5,13
2Johannes	Verführer	1,7
3Johannes	Wahrheit	1,4
Offenbarung	Vollendung	21,5

Die Bibel legt man nicht zur Seite wie ein anderes Buch, das man durchgelesen hat. Die Bibel liest man immer wieder, denn ihre Botschaft wird nicht alt und ihre Kraft nimmt nicht ab.

„Wenn ihr in meinem Wort ***bleibt****, so seid ihr wahrhaft meine Jünger; und ihr werdet die Wahrheit erkennen, und die Wahrheit wird euch frei machen“,* sagt unser HERR (Joh 8,31-32).

Wer mit einer neuen Bibelübersetzung wieder von vorn beginnt, wird beim nächsten Lesen noch mehr Gewinn für sein geistliches Leben davontragen.

Eine gute Ergänzung ist das vom gleichen Verfasser und in gleicher Aufmachung erschienene Büchlein: **Biographie eines Bestsellers** (Bestellnummer 640.302, DM 4,95), das weitere wichtige Hintergrundinformationen zum Buch aller Bücher bietet.

Im gleichen Verlag erschienen

Bestellnr.		DM
640.000	Vanheiden, Karl-Heinz: ABC Nachfolge (Lehrbriefe)	14,95
640.001	Vanheiden, Karl-Heinz: ABC Nachfolge (Leiterheft)	4,95
640.000. 001	Vanheiden, Karl-Heinz: ABC Nachfolge (PC-Programm DOS)	9,95
640.000. 002	Vanheiden, Karl-Heinz / Rädel, Thomas: ABC Nachfolge (PC-Programm Win 3.x)	19,95
640.000. 003	Vanheiden, Karl-Heinz / Rädel, Thomas: ABC Nachfolge (PC-Programm Win '95)	29,95
640.101	Heckel, Ronald: Pyramidenschieben (PC-Spiel Win 3.x)	29,95
640.302	Vanheiden, Karl-Heinz: Biographie eines Bestsellers	4,95
640.303	Ullrich, Henrik : Was Stammbäume verschweigen	5,95
640.304	Kring, Rudolf: BSE: Rinderwahnsinn - Menschenwahnsinn?	5,95
640.	Verlagsverzeichnis	0.00